PROSPER CHRISTIAN OTTO

Entgleist!

Wie der Rechtsstaat in Deutschland unter die Räder gekommen ist

C 2016 Prosper C. Otto
Herstellung und Verlag
BoD - Books on Demand, Norderstedt

Bibliografische Information der Deutschen
Nationalbibliothek:
Die Deutsche Nationalbibliothek verzeichnet diese
Publikation in der Deutschen
Nationalbibliografie, detaillierte bibliografische Daten
sind im Internet über http.//dnb.dnb.de abrufbar.
ISBN 9783738639148

Es erben sich Gesetz`und Rechte
Wie eine ew`ge Krankheit fort;
Sie schleppen von Geschlecht sich zum Geschlechte
Und rücken sacht von Ort zu Ort.
Vernunft wird Unsinn, Wohltat Plage;
Weh dir, daß du ein Enkel bist!
Vom Rechte, das mit uns geboren ist,
Von dem ist leider!Nie die Frage.

Goethe, Faust, 1.Teil

Der Eingang des Gebäudes in Buchholz in der
Nordheide, in dem der Autor mit seiner Familie
dreißig Jahre lang lebte und in dem die Musikschule
für die Stadt Buchholz ihr Büro untergebracht hatte

Inhaltsverzeichnis

Vorwort

 Eine „Verlotterung der dritten Gewalt" beklagt der frühere Bundesarbeitsminister Norbert Blüm, „Unter einer maroden Justiz breitet sich die Exekutive ungehindert aus" konstatiert die Frankfurter Allgemeine Zeitung und der Chef der größten Rückversicherung der Welt, der Munich Re, Nikolaus von Bomhard stellt in einem Interview mit derselben Zeitung eine „Erosion des Rechts" fest.

Die Entscheidung des Düsseldorfer Landgerichts, ein Hauptverfahren gegen die Verantwortlichen des Unglücks bei der Duisburger Love-Parade im Jahr 2010 nicht zuzulassen, obwohl dort 21 Tote und 541 Verletzte zu beklagen waren, stieß nicht nur unter den Angehörigen der Opfer, sondern in weiten Teilen der Bevölkerung auf Empörung und Unverständnis.

Gemeinsam ist diesen Fehlentwicklungen das dahinter stehende gedankliche Prinzip, dass nämlich unter dem Deckmantel der Unabhängigkeit der Justiz jede Art von autoritärem, ja sogar faschistischem Denken und Handeln ermöglicht wird. Nur zu gerne

folgt man einem Wunschdenken, indem man den achten Mai 1945 als eine „Stunde Null" bezeichnet, als einen totalen Neuanfang, als ob von einem Tag zum anderen alles das, was Nazi-Deutschland überhaupt erst möglich gemacht hat und sein geistiges Fundament gewesen ist, sich urplötzlich in Luft aufgelöst hätte und vollständig irgendwo im Nirwana verschwunden wäre.
Und ebenso naiv ist die Annahme, dass mit dem Wiedererlangen der deutschen Einheit im Jahr 1990 sämtliche früheren Unterstützer des DDR-Regimes sich von einem Tag zum anderen in Luft aufgelöst hätten.
Meine Familie und ich mussten wortwörtlich „am eigenen Leibe" erleben, wie getarnt durch den Begriff „ Rechtsstaat" mitten in Deutschland staatliche Willkür und Gewalt noch immer praktiziert werden.
Davon handelt dieses Buch.
Obwohl sich die demokratischen Parteien seit Jahren besonders darum bemüht haben, demokratisches, rechtsstaatliches und humanes Denken zu fördern, brechen in zunehmendem Maße an den politischen Rändern Extrempositionen hervor mit Vorstellungen,

von denen man hoffte, dass sie schon lange überwunden seien. Brennende Flüchtlingsunterkünfte und gewalttätiger Mob auf den Straßen sind ein trauriger Beweis für die Richtigkeit dieser These.

Die politische Landschaft der Gegenwart zeigt in der Folge davon eine deutliche Tendenz zur Verschiebung, hin zu den Rändern des politischen Parteienspektrums bei gleichzeitiger Aufweichung der politischen Mitte.

Niemand sollte glauben, dass trotz vielfältiger Bemühungen die geistigen Grundlagen eines autoritären Regimes in unserer gegenwärtigen Gesellschaft bis heute vollständig beseitigt seien.

Der Professor für Germanistik an der Universität Heidelberg, Roland Reuß schildert beispielhaft unter der Überschrift „Der Geist gehört dem Staat" in eindrucksvoller Weise, wie von staatlicher Seite unter Anwendung gröbster Rechtsbrüche z.B. das Recht auf freie Medienwahl durch freie Autoren eingeschränkt wird und damit im Kern ein eklatantes Symptom demokratiefeindlicher Regelungsphantasien,

letztlich mit Zensurabsicht, bereits heute schon
wieder existiert.

Und eine kleine Stadt im Norden Deutschlands,
Buchholz in der Nordheide, liefert ein weiteres
erschütterndes Beispiel dafür, wie ausgeprägt
faschistisch autoritäres Denken und Handeln
auch heute noch, mehr als fünfzig Jahre nach
Ende der braunen Diktatur und fünfundzwanzig
Jahre nach dem Zusammenbruch des
 kommunistischen Gewaltregimes, in
Deutschland, vorhanden sind.

Ohne jedes Unrechtsbewußtsein werden
elementare Grund- und Menschenrechte
mißachtet, Menschen aus ihren Häusern
vertrieben, ihr Eigentum gestohlen, Häuser
abgerissen.

Die reine Macht des Staates legitimiert hier jeden
Rechtsbruch, eben weil es sich um eine Handlung
des Staates handelt.

Gedeckt wird dieses Vorgehen von einer
Staatsanwaltschaft und
Verwaltungsgerichtsbarkeit, die, statt als
unabhängige Kontrolle von außen zu fungieren,
sich als Bestandteil eben dieses Systems
erweisen.

Der eine oder andere Leser mag diese Aussage
für übertrieben halten. Sie ist es – leider – nicht.

Möge dieses Buch einen kleinen Beitrag zu der Erkenntnis leisten, dass die Rechtsstaatlichkeit in Deutschland längst nicht so fest verankert ist, wie oftmals angenommen und uns zuweilen von der Öffentlichkeit vorgegaukelt wird.
Wenn wir nicht aufpassen und gegensteuern, sind gesellschaftliche Grundwerte in Gefahr.

Hamburg, im Frühjahr 2016
Prof. Prosper Christian Otto

Anmerkung:
Soweit es sich um die Darstellung öffentlicher Gerichts- und Verwaltungsverfahren handelt, werden die Namen der handelnden Personen vollständig genannt.

Hamburg und seine Schöpfung

„Leise beginnen die Geigen ihr Vorspiel zu Joseph Haydns Oratorium „Die Schöpfung" in Hamburgs altehrwürdiger Musikhalle. Nervös und noch mit etwas zittrigen Beinen stehe ich langsam auf und erwarte meinen ersten Einsatz als Solist in dieser Aufführung an einem Herbstabend des Jahres 1982.
 Zum ersten Mal stehe ich vor einem großen Orchester, zum ersten Mal vor einer gefühlten riesigen Menge von Chorsängern, zum ersten Mal sehe ich mich einer anscheinend unüberschaubaren Zahl von Zuhörern gegenüber, die alle nur auf eines zu warten scheinen: Was wird dieser junge Mann gleich in den Saal schmettern?
Dabei ist mir eigentlich gar nicht so nach Schmettern zu Mute, aber mitten im Orchester, schräg neben mir, sitzt hinter ihrem Cembalo eine ältere grauhaarige Dame, und sie scheint zu fühlen, wie es in meinem Innern aussieht.

Jedenfalls lächelt sie mir aufmunternd zu, während sie entschlossen in die Tasten greift, um ihren Teil zu meiner musikalischen Begleitung beizutragen und mein Lampenfieber erfolgreich zu vertreiben.

In der Konzertpause spricht sie mich an, fragt, ob ich sie eventuell zu ihrem Wohnort nach Buchholz in der Nordheide mit meinem Wagen mitnehmen würde, sie sei nicht motorisiert und habe gelesen, dass ich ebenfalls in Buchholz zu Hause sei.

Natürlich sage ich zu, und nach Ende des Konzertes lotst sie mich in ein verwunschenes idyllisches Waldwohngebiet in der Nordheide, nur wenige Autominuten von meiner damaligen Wohnung entfernt.

Paradiesisch ist es hier, niemand stört den Musiker bei seinen Proben, niemand fühlt sich durch ihn gestört, wenn er mit stundenlangem Üben zum Nerven- und Stresstest für seine Umwelt wird.

Also sage ich beim Verabschieden einen bedeutungsvollen Satz: „Falls Sie einmal hören, dass in dieser Gegend ein Haus zu verkaufen ist, dürfen Sie mich sogar noch ganz spät in der Nacht anrufen."

Mit diesen Worten gebe ich ihr meine

Telefonnummer, nicht ahnend, dass ich dadurch eine entscheidende Weiche für die nächsten dreißig Jahre meines Lebens und für einen tiefen Einblick in den Irrsinn deutscher Bürokraten und die inneren Strukturen unseres Landes gestellt habe.

Nur wenige Wochen später ruft sie tatsächlich an, nicht zu nachtschlafender Zeit, sondern äußerst sittsam am Vormittag, aber dennoch mit einer mich elektrisierenden Nachricht.

Es sei da an einem Waldweg mit dem Namen Dependahl ein Grundstück samt altem verfallenen Haus von einer Erbengemeinschaft schon seit längerem zu verkaufen.

Genaues wisse man nicht, aber es müsste eigentlich ideal für einen Sänger sein, ich solle mich doch mal bei den Nachbarn erkundigen..."

Das lasse ich mir nicht zweimal sagen.

Schon am nächsten Tag klingele ich an der Haustür des Nachbarhauses bei einem alten Herrn und bemühe mich, seine anfänglichen Sorgen über den Besuch eines ungebetenen Gastes mit allem, was ich im Studium an Schauspielkunst gelernt habe, zu zerstreuen, um Einzelheiten über Haus und Grundstück in seiner unmittelbaren Nachbarschaft zu erfahren.

Das Haus sei wohl in den dreißiger Jahren vor dem zweiten Weltkrieg erbaut worden, sei zuletzt von der Eigentümerin an einen Hamburger Kaufmann verpachtet gewesen, friste sein Dasein aber als Geisterhaus und stehe schon längere Zeit leer, jedenfalls habe er den Pächter schon seit Jahren nicht mehr gesehen.

 Auskünfte könne wohl am besten eine bestimmte in Buchholz ansässige Maklerin erteilen, die seines Wissens nach mit dem Verkauf beauftragt sei.

Schon bald darauf sitze ich in einem trüben kleinen Kellerbüro einem weiblichen Wesen gegenüber, das nach seinem Outfit zu urteilen in jeder Geisterbahn mit dem Job als Horrorgespenst in der ersten Kurve zu unvergleichlichen Reichtümern gelangt wäre.

Mit der Miene der Hexe, die Hänsel ein Stück Lebkuchen schenkt, erklärt sie mir, dass ich Haus und Grundstück sofort bei ihr kaufen könne, sie müsse nur noch den Kaufpreis mit den Mitgliedern der Erbengemeinschaft abstimmen, zu deren mütterlichem Erbe die Immobilie gehöre.

Mein Herz schlägt deutlich höher, sehe ich mich doch, obwohl noch unverheiratet, schon im Geiste

als Vater einer eigenen Familie mit mindestens
zwei Kindern fröhlich auf diesen
achttausendsechshundert Quadratmetern
Paradiesfläche übermütig herumtollen.
Beglückt und voller optimistischer Pläne und
Gedanken widme ich mich in den folgenden
Tagen der Vorbereitung meiner ersten großen
Auslandstournee nach Mittel- und Südamerika,
und während ich so Texte und Noten lernend an
meinem Klavier sitze, werde ich durch einen
Anruf der Maklerin erschüttert: „Sie können die
Immobilie nicht kaufen, denn es existiert kein
Verkäufer!"
Ich bin ob dieser zunächst für mich
unverständlichen Aussage wie vom Donner
gerührt, aber sodann erklärt sie mir umständlich,
dass die aus fünf Erben bestehende
Erbengemeinschaft nach dem Tod der Mutter in
sich völlig zerstritten sei, weswegen noch für
niemanden ein Erbschein ausgestellt sei und
folglich für den Abschluß eines Kaufvertrages
formaljuristisch noch kein Verkäufer existiere.
Die im Grundbuch als Eigentümerin
ausgewiesene Frau sei verstorben, und die Erben
stünden noch nicht fest.

Mit diesem Ergebnis will ich mich keinesfalls zufrieden geben und also beginne ich umgehend, die Namen und Anschriften der streitbaren Erben in Erfahrung zu bringen.

Ich bin kein großer Kriminalist und so brauche ich veritable drei Wochen, um die Kontaktdaten der fünf Streithähne endlich auf dem Schreibtisch zu haben und um dann gleich bei der ersten Kontaktaufnahme mit einem dieser Erben die barsche Antwort zu erhalten: „Wenden Sie sich bitte an meinen Anwalt!"

„Ärgerlich!" denke ich, denn jetzt wird die Sache ja noch komplizierter und mit dieser Einschätzung der Lage liege ich leider absolut richtig, denn dieser Anwalt besorgt wenig zartfühlend den endgültigen Rausschmiß, indem er mir kurz und bündig dasselbe sagt, was ich schon von der Maklerin vernommen hatte: „Geht nicht!"

Das war aber nur die Meinung eines einzigen Anwaltes von insgesamt fünf und wer schon mal mit den heiligen Sphären der Justitia in Berührung gekommen ist, der weiß, dass es bei fünf Anwälten und einunddemselben Problem mindestens auch fünf verschiedene Meinungen dazu gibt.

Unverdrossen marschiere ich also zum nächsten,
wo ich mir zwar prompt eine ähnliche Antwort
abhole wie bei dem ersten Kandidaten, aber
endlich der Rechtsexperte Nummer drei auf
meiner Liste zeigt sich deutlich konzilianter und
vor allem überraschend außerordentlich
gedächnisstark.
Gegen ein entsprechendes Salär erinnert er sich
nämlich daran, dass in grauer Vorzeit die
 verstorbene Eigentümerin des von mir begehrten
Grundstücks einem mit ihm befreundeten Notar
eine Vollmacht ausgestellt hat, die auch über den
Tod hinaus gültig ist.
Also könnte ich Haus und Grundstück von der
verstorbenen Frau kaufen, die allerdings
verständlicherweise den notariellen Kaufvertrag
nicht mehr selber abschließen kann, sondern
diese Aufgabe durch den seinerzeit von ihr
bevollmächtigten Notar erledigen läßt.
Eine scheinbar unbedeutende Kleinigkeit, die sich
später jedoch als höchst bedeutungsvoll erweisen
sollte, übersehe ich dabei leider: Irgendwelche
schriftlichen Unterlagen über das alte Haus,
Planzeichnungen, Baugenehmigungen, oder was
sonst der deutsche Behördenapparat so im Verlauf

von fünfzig Jahren mehr oder weniger sinnvolles produziert, kann mir der als Verkäufer fungierende Notar nämlich nicht übergeben, er besitzt solche Unterlagen nicht.

Das Einzige, was er vorweisen kann, ist seine Vollmacht.

Sicherheitshalber lasse ich mir diesen gesamten juristischen Hackentrick erst noch vom zuständigen Grundbuchamt absegnen, aber dann geht alles andere sehr schnell.

Ich biete einen guten Kaufpreis, der von der Erbengemeinschaft akzeptiert und auf einem Notaranderkonto deponiert wird, der Kaufvertrag zwischen dem Notar der verstorbenen Eigentümerin und mir wird vor einem anderen Notar abgeschlossen und schon nach wenigen Tagen bin ich stolzer Besitzer eines 8690 Quadratmeter großen traumhaft schön gelegenen Waldgrundstücks in der Nordheide mit einem alten Holzhaus vor den Toren der Freien und Hansestadt Hamburg.

Haus und Grundstück liegen inmitten eines großen Wohn- und Wochenendgebietes, teils umgeben von attraktiven Einfamilienhäusern, teils umgeben von Hütten, denen man nicht

zutrauen würde, den nächsten kräftigen
Windstoß zu überleben. Doch jedes dieser
Gebäude steht auf einem eigenen zugehörigen
Waldgrundstück, jedes hat seinen eigenen
Charme und trägt auf diese Weise dazu bei,
dieser Wald- und Heidelandschaft ein besonderes
Gepräge zu geben.
Ich bin in den folgenden Jahren wegen meines
Berufes als Sänger kreuz und quer fast durch die
ganze Welt gereist, zu den schönsten Regionen,
die unsere Erde zu bieten hat, und doch – diesen
ureigensten Charakter der norddeutschen
Heidelandschaft, diese Mischung aus natürlicher
Schönheit und einem kleinen Schuß gruselig
finsterer Schaurigkeit habe ich nirgendwo sonst
wieder gefunden.
So ist es kein Wunder, dass ich mich in diese
herbe Schönheit einer Landschaft gnadenlos
verliebe und in meinem Innern beschließe, hier
um jeden Preis der Welt wohnen zu bleiben.
Hier möchte ich meine Familie gründen, hier
sollen meine Kinder aufwachsen, hier soll meine
zukünftige Ehefrau, die ich im Oktober desselben
Jahres zu heiraten gedenke, einziehen.
Doch das ist zunächst kaum möglich, denn das

eigentliche Gebäude, das ich da gekauft habe, würde eher als Kulisse für einen Gruselkrimi mit dem Gärtner als Mörder taugen, denn als Wohnhaus. Doch das würde ich schon noch ändern.

Einen Anschluß an die öffentliche Wasserversorgung gibt es nicht, dafür kommt um so mehr Wasser von oben, denn der Regen braucht nur geringe Hindernisse zu überwinden, um sein Endziel in einem der zahlreich im Haus aufgestellten alten Eimer zu erreichen und der kleine Draht, der, vom Nachbargrundstück kommend, einige trübe flackernde Glühbirnen mit Strom versorgt, würde im heutigen Zeitalter des Energiesparens sicher zusätzlich noch die Gesichter ganzer Hundertschaften alternativer Umweltjünger zum Leuchten bringen. Dennoch werden umgehend und mit einer gehörigen Portion Unternehmungsgeist im Gepäck ein LKW für den Umzug gemietet, das Haus bezogen und – natürlich – zunächst einmal das Dach abgedichtet sowie Wasser- und neuer Stromanschluß durch die öffentlichen Versorger hergestellt.

Geheizt wird überwiegend mit „Elbe 12“, so heißt, wie ich einer nur noch schwer zu entziffernden Aufschrift entnehmen konnte, ein altertümlicher Kanonenofen, der alles in wohlige Wärme umsetzt, was das eigene Waldgrundstück hergibt und man als Futter in ihn hineinstopft.
Dennoch wird mir schon bald klar, dass nicht nur diese romantische Art von Heizung einer Modernisierung bedarf, sondern dass auch verhindert werden muss, dass sich Rehe, Igel, Füchse und Kaninchen, um nur einige weitere Waldbewohner außer mir zu nennen, an der Außenfassade des alten Holzhauses wärmen können. Eine Isolierung der Außenfassade erweist sich als unbedingt notwendig und wird mit Isoliermaterial und einem schönen holländischen Klinker sofort in Angriff genommen.

Der Postbote Meier

Irgendwann treffe ich am neu installierten Briefkasten des Hauses den Postboten, nennen wir ihn Meier. Ein kleines Schwätzchen ist immer nett und so unterhalten wir uns ungezwungen über meine Gefühle als Neubürger des Dörfchens Sprötze und Teil der Stadt Buchholz in der Nordheide und weil wir nun gerade bei den Gefühlen sind, eröffne ich ihm, dass ich im Herbst des Jahres 1983 beabsichtige, mit einer Sängerkollegin in den schon lang ersehnten Ehestand zu treten, wodurch sich die Zahl der Hausbewohner zunächst verdoppeln, später hoffentlich dann weiter vergrößern würde. Einige Wochen später begegnet mir in der Dämmerung auf einem Waldweg in der Nähe meines Hauses eine Gestalt: Grüner Lodenmantel, Grauer Hut und ein Gewehr über der Schulter – klar, das muss der Revierförster sein, der sich auf die abendliche Pirsch begibt. Überraschenderweise grüßt er mich freundlich mit meinem Namen und bei näherer Betrachtung stelle ich fest, wer in diesem grünen Lodenmantel steckt: Der Postbote Meier.

Wieder einige Wochen später hat der Herbstwind
im Dorf die Blätter von den Bäumen gepustet und
 neben einem orangefarbenen Kleinlaster ist,
gehüllt in einen ebenso orangenen Overall, ein
Mann damit beschäftigt, das zusammengeharkte
Laub auf den LKW zu laden.
Er grüßt mich freundlich und ich sehe genauer
hin, um dem Inhalt des orangenen Overalls näher
zu kommen. Wen entdecke ich zu meiner
Überraschung in dieser Umhüllung? Den
Postboten Meier!
Während ich noch darüber nachdenke, ob mir
wohl beim für morgen geplanten Zahnarztbesuch
auch der Postbote Meier, dann im weißen Kittel,
gegenübertritt, treffe ich den Sprötzer
Ortsbürgermeister und bin nicht wenig
überrascht. Er weiß, dass ich heiraten will, er
weiß, dass das Dach meines Hauses undicht ist, er
weiß, welche Automarke ich fahre, er weiß, wann
ich demnächst wieder auf eine Gastspielreise
gehen werde, er weiß, dass ich letzte Woche
einen Schnupfen hatte, kurzum, er scheint so
ziemlich alles über mich zu wissen.
So paradiesisch mein neu erworbenes Grundstück

auch ist, so wird mir doch klar, dass ich nun
Bestandteil einer Dorfgemeinschaft geworden
bin, einer Gemeinschaft, die ich meinerseits nicht
kenne, für die ich aber allein wegen meines
Berufes als Sänger ein bunter Vogel bin und damit
eine äußerst interessante Persönlichkeit
darstelle.
Heute würde man diesen außerordentlich
üppigen Kenntnisstand über das Privatleben eines
Bürgers sicherlich Mr. Google und seinen
Internet-Artgenossen zuordnen, aber wir
befinden uns erst im Jahre 1983! Da existierten
diese elektronischen Fabelwesen und Alleswisser
noch nicht.
Einige Jahre später sollte sich das Rätsel dieser
geheimnisvollen Informationsströme jedoch
lösen. Bei einer Akteneinsicht in die bei der Stadt
Buchholz geführte Bauakte zu meinem Haus
entdecke ich einen zunächst angeblich „verloren
gegangenen“ Vermerk, aus dem sich ergibt, dass
dieser Postbote Meier in Wirklichkeit nichts
anderes war, als ein Schnüffler und Spion der
übelsten Art, der über alles und jeden, der ihm
über den Weg lief, einen Bericht, ein Dossier oder
einen Vermerk für seinen Bürgermeister und die
dahinter stehenden Behörden anfertigte. Wer
auch immer ein neues Auto, ein paar neue

Sträucher in seinem Garten hatte oder wessen
Kind sich beim Spielen den Arm verrenkt hatte –
nach bester NS-Blockwart- oder Stasi-Methode
wurde alles beobachtet, ausgeforscht, registriert
und an die Behörden berichtet.
Leider erst sehr viel später werde ich erfahren,
dass in Buchholz zur Nazizeit ein hoher für ganz
Niedersachsen zuständiger NS-Parteifunktionär
ansässig war und noch heute der Großraum
Buchholz bei zahlreichen vor allem älteren Bürgern
als „braun “ gilt.

Wohin damit?

Zwei eigene kleine Kinder, meine Frau, das Büro
der städtischen Musikschule sowie eine
Sekretärin bevölkern inzwischen unser Haus.
Meine Frau hat nach unserer Hochzeit und ihrem
Einzug in unser nunmehr gemeinsames Paradies
ihre Karriere als Sängerin aufgegeben, um sich
nur noch der nun entstehenden Familie widmen
zu können. Doch wer einmal mit der Kunst und
der Musik nähere Bekanntschaft gemacht hat,
der wird bald feststellen, dass sich so eine Liaison
nicht so einfach beenden lässt.
So auch hier, aber es eröffnet sich für sie
unvermittelt eine Möglichkeit, die Liebe zur
Musik und die Liebe zu Kindern, und zwar nicht
nur zu den eigenen, auf elegante Weise
miteinander zu kombinieren. Sie bewirbt sich
erfolgreich bei der Stadt Buchholz um eine
Stellung als Musiklehrerin an der städtischen
Jugendmusikschule, erhält diese Anstellung und
wird schon ein Jahr später in das Amt der
Schulleiterin der, wie sie nunmehr heißt,
Musikschule für die Stadt Buchholz in der
Nordheide, berufen.

Doch so schön so eine Anstellung als Schulleiterin und Verantwortliche Leiterin für fünfunddreißig Lehrer und achthundert Schülerinnen und Schüler auch ist – man benötigt Platz, Platz für ein Büro, Platz für Akten, Platz für Büromitarbeiter und, und, und.... kurzum Platz, über den die Stadt Buchholz zur damaligen Zeit in keinem ihrer eigenen Gebäude verfügt.

Also wird kurzerhand das Dachgeschoß unseres Hauses für die Aufnahme von zwei Kinderzimmern präpariert und der Bereich der bisherigen Kinderzimmer im Erdgeschoß zum Büro der Musikschule umgestaltet.

Für das Büro der Musikschule lasse ich in dem Zusammenhang im vorderen Trakt des Gebäudes ein separates WC einbauen, in Ermangelung eines öffentlichen Kanalanschlusses verbunden mit der großen Sickerkuhle, die schon seit unserem Einzug in das Haus zuverlässig das zwischenlagert, was man nur ungern innerhalb des Hauses aufhebt.

Da kommt ein Brief, als Absender firmiert die Staatsgewalt in Form des Landkreises Harburg.
„So geht das gar nicht" ist da zu lesen, „es müssen noch zwei weitere Sickerkuhlen sowie zwei Verrieselungsstränge gebaut werden."

Aber natürlich darf ich diese Aufforderung von Vater Staat nicht einfach befolgen, sondern zunächst muss in doppelter Ausfertigung ein schriftlicher Antrag gestellt werden, um von demselben Vater Staat die Genehmigung dafür zu erhalten, dass ich die Aufforderung von eben diesem Vater Staat auch befolgen darf, anders ausgedrückt, dass die Bestandteile meines abendlichen Rotweins, die mein Körper für überflüssig hält, im Wald der Nordheide verrieseln dürfen - was bisher allerdings auch schon geschehen war, denn ein größeres Zwischenlager ist von der Natur im menschlichen Körper nunmal nicht vorgesehen.
Aber schließlich sind wir ja in Deutschland, in einem ordentlich regierten Land, wo die staatstragenden Beamten nicht nur wissen müssen, was passiert, sondern auch, wo es passiert und deswegen muss ich nun einen Experten mit der Anfertigung einer Zeichnung beauftragen, die genau darlegt, wo die beiden geforderten Verrieselungsstränge auf meinem fast 9000 Quadratmeter großen Waldgrundstück verlaufen sollen.
Selbstverständlich sind derlei sinnvolle Wohltaten

unserer Obrigkeit nicht umsonst zu haben und deswegen ereilt mich zunächst einmal ein Gebührenbescheid des Landkreises Harburg.

Ein Gebührenbescheid, lieber Leser und getreuer Untertan der Obrigkeit, das ist, im Gegensatz zu einer Rechnung, bei der stets ein Produkt oder eine Leistung dahinter steht, ein Blatt Papier, auf dem in zuweilen weitestgehend unverständlichem Bürokratendeutsch dem Empfänger klargemacht wird, dass er einen Geldbetrag bezahlen muss, ohne auch nur einen irgendwie sinnvollen Gegenwert dafür zu erhalten.

Nachdem ich nun also 148 gute alte Deutsche Mark bezahlt habe, bekomme ich endlich die Genehmigung, die Baufirma kann beginnen und nach zwei weiteren Tagen kann ich die Behörde beglückt über das Ende der von ihr geforderten Baumaßnahmen informieren.

Doch damit nicht genug, denn nun folgt die schriftliche Ankündigung, dass sich mir ein Staatsdiener nähert, der das Werk in Augenschein nehmen und überprüfen möchte.

Vorsorglich stelle ich einige Flaschen Bier bereit, um dem staatlichen Experten für die Funktion einer Sickergrube genügend Material für einen

Praxistest zur Verfügung stellen zu können, aber
der hohe Herr verzichtet auf diese Möglichkeit,
meinen Gehorsam überprüfen zu können,
sondern begnügt sich mit einem kurzen Blick in
den Wald, um mir dann mitzuteilen, dass
nunmehr die gebrauchten Getränke von meiner
Familie und mir im Wald verrieseln dürfen – was
allerdings letztlich keinerlei Veränderung
gegenüber der Vergangenheit bedeutete.
Aber seit diesem Tage weiß ich, dass man beim
Umgang mit Bürokratie und öffentlicher
Verwaltung die Frage nach dem Sinn eines
Vorganges häufig besser nicht stellen sollte.
Inzwischen lernen wir auch unsere Nachbarn
näher kennen.
Direkt neben unserem Grundstück steht das Jagd-
und Sommerhaus eines Hamburger Ehepaares,
die uns schon bald zu lieben Freunden werden.
Sie haben nicht nur beim Einzug in unser Haus
tatkräftig mit angepackt, wir verdanken diesem
Ehepaar auch manchen geselligen und feucht-
fröhlich lukullischen Abend in ihrem gemütlichen
Heim. In den ersten Jahren der Freundschaft wird
noch die Jagdbeute des Hausherrn gemeinsam
verzehrt, später, nachdem die Jagd aufgegeben

wurde, weicht man gemeinsam auf das meine
Figur attackierende Angebot eines großen
Hamburger Schlemmertempels aus.
Außerdem entpuppen sich diese Nachbarn als ein
Muster an Tapferkeit.
An einem schönen Sommernachmittag hat meine
Frau eine leckere Sahnetorte gebacken. Zwei
Stücke davon werden auf einen Teller gepackt ,
mit etwas Folie gesichert und dann wird unseren
beiden damals drei und fünf Jahre alten Kindern
eingeschärft, diese beiden Kuchenstücke
vorsichtig zu den Nachbarn zu bringen, damit
auch sie etwas von den Backkünsten meiner Frau
profitieren.
Der Marsch durch den Wald gelingt den Kindern,
nur als sie schon erleichtert über den bisher
erfolgreichen und unfallfreien Kuchentransport
endlich die Terrasse der Nachbarn betreten,
übersehen sie eine kleine Stufe und die schöne
Sahnetorte landet auf der Treppe, nun noch
zusätzlich angereichert von den Tränen unserer
Kinder und dem Sand auf dem Boden.
Doch der alte Herr tröstet die Kleinen, indem er
tapfer den Kuchen dennoch mit gespielter
Genüßlichkeit verspeist und den Kindern

versicht, nun schmecke alles besonders gut.
Hinten grenzt unser Grundstück an das Gelände
mit dem Wohnhaus eines Hamburger
Geschäftsmannes, der in der Hansestadt eine
Firma für den Vertrieb und die Wartung von
Büroelektronik betreibt. Auch er und seine
Familie gehören bald zu unserem Freundeskreis
und helfen mit, die menschlichen und
gesellschaftlichen Wurzeln in der für uns neuen
Umgebung zu bilden, ohne die wir uns fremd und
verlassen vorkommen würden.

Zu Dritt ins Vergessen

Nachdem außer der amtlichen Genehmigung zum
Betrieb einer Sickergrube auch der Schornstein
meines Hauses seine amtliche Betriebserlaubnis
erhalten hat, haben sich einige offensichtlich auf
andere Weise nicht zu beschäftigende
Bürobeamte der Stadtverwaltung Buchholz in der
Nordheide unter Führung ihres damaligen
Mitarbeiters des Bauordnungsamtes Rolf Peter
Kaufhold hingesetzt, um über mein Haus
nachzudenken und die bei Ihnen geführten
Bauakten zu studieren. Schließlich gelte ich im
Dörfchen inzwischen als „Promi", denn es hat sich
herumgesprochen, dass nach meinem anfangs
geschilderten Auftritt in der Hamburger
Musikhalle noch viele Konzertpodien und
Opernbühnen im In- und Ausland mit mir
Bekanntschaft geschlossen haben.
Das niederschmetternde Resultat der
Forschungsarbeiten im Bauamt der Stadt
Buchholz gipfelt in der Feststellung, dass in der
Akte meines Hauses ebenso wie in den Akten von
genau 148 weiteren Häusern der unmittelbaren
Umgebung keine Baugenehmigung enthalten sei.
Aber für sämtliche Gebäude in Deutschland, so

erklärt man mir anschließend, muss eine Baugenehmigung existieren, andernfalls handelt es sich um einen sogenannten „Schwarzbau", ein Begriff, der mich die nächsten zwanzig Jahre lang beschäftigen wird und sogar dem Vorsitzenden Richter beim ersten Senat des Oberverwaltungsgerichtes Lüneburg noch per Halluzination oder übersinnlicher Eingebung in Zusammenhang mit meinem Haus erscheinen wird. Doch davon später. Jetzt wage ich ersteinmal den schüchternen Einwand, dass mir die Vorstellung schwer fällt, für den Kölner Dom oder die Residenz Karls des Großen in Aachen läge eine Baugenehmigung vor.

Es müsse also doch sicher auch noch andere Kriterien für die Existenzberechtigung eines Gebäudes geben als die erst flächendeckend vor der Mitte des 20. Jahrhunderts eingeführte sogenannte „Baugenehmigung", z.B. das Alter eines Gebäudes.

Das könne durchaus sein, aber wir wären ja weder in Köln noch in Aachen und man werde sich jetzt das Corpus Delicti, nämlich mein Haus, grundlegend ansehen, um über sein Alter zu befinden.

So schreiben wir den 15. März 1990, als um 15
Uhr der damalige Baudezernent der Stadt
Buchholz, Joachim Wahlbrink, der Mitarbeiter des
ihm unterstehenden Bauordnungsamtes Rolf
Peter Kaufhold und der städtische Sachbearbeiter
aus dem Bauamt, Herr Rüter ihre Beamtenfüße
über die Schwelle meines Hauses setzen.
„Die Fenster sind neu, denn Isolierglas gab es
früher noch nicht" stellt man mit amtlichem
Expertenblick fest, auch die Fassadenverkleidung
mit einem holländischen Klinker sei neueren
Datums.
Der Elektroinstallation sowie den die
Zimmerdecken und den Dachstuhl tragenden
Balken billigt das strenge Auge des
Baudezernenten hingegen deutlich mehr
Lebensjahre zu, das müsse zum Teil noch aus
Kriegszeiten oder den Jahren davor stammen. Da
für mich der letzte Krieg 1945 zu Ende war, bin ich
ob dieser amtlichen Bemerkung erleichtert.
„Die Treppen ins Obergeschoß würde ich heute so
nicht mehr genehmigen" erfahre ich noch aus
dem Munde des Experten Kaufhold und dann
werde ich aufgefordert, die Geschichte meines
Hauses der Baubehörde schriftlich mitzuteilen,
damit man sie in den Akten habe.

Als getreuer Staatsdiener folge ich dieser
Aufforderung noch am 15. März 1990 und dann
höre ich mehrere Jahre nichts mehr von der
Angelegenheit.

Aber ich begehe den ersten entscheidenden
Fehler in diesem nun langsam in Fahrt
kommenden Krieg mit der Bürokratie, denn ich
hätte mißtrauischer sein und darum bitten
müssen, dass mir das Protokoll oder der
verwaltungsinterne Gesprächsvermerk dieser
Haus- und Grundstücksbegehung wenigstens als
Kopie ausgehändigt wird.

Statt dessen jedoch war ich naiv, ich dachte das,
was viele Bürger unseres Landes auch heute noch
tagein tagaus denken und worauf in ganz
entscheidendem Maße die Funktionsweise
unseres Staates
und unserer Gesellschaft basiert, dass man sich
nämlich auf ein korrektes Verhalten der
Mitarbeiter staatlicher Behörden weitestgehend
verlassen könne. Warum sollte ich mir deshalb
noch etwas schriftlich geben lassen, was drei
Behördenmitarbeiter in meiner Gegenwart
festgestellt und für ihre Unterlagen dokumentiert
hatten?

Doch später wird die Rechtsdezernentin der Stadt
Buchholz, Hilke Henningsmeyer, dem Gericht
allen Ernstes mitteilen, dass es entgegen jeder
gängigen Verwaltungspraxis über diese
Besichtigung und die dort gemachten
Feststellungen überhaupt keine Aufzeichnungen
in der Stadtverwaltung Buchholz gäbe. Lediglich
die Terminvereinbarung sei dokumentiert.
Natürlich weiß jeder, der auch nur einen Tag lang
in einer Bundesdeutschen Behörde gearbeitet
hat, was er von dieser Aussage zu halten hat, aber
die Richter beim Verwaltungs- und
Oberverwaltungsgericht Lüneburg haben sie
wirklich geglaubt oder zumindest vorgegeben, sie
zu glauben.

Langsam wird mir warm

Die Stadtwerke der Stadt Buchholz in der Nordheide holen zum großen Coup aus: Das gesamte Gebiet im Buchholzer Ortsteil Sprötze, bestehend aus einer großen nahtlos mit über 200 Häusern bebauten Fläche, wird an das städtische Erdgasnetz angeschlossen.
Doch damit sich diese Investition in die Zukunft auch für den Stadtsäckel lohnt, wird der Bürger untertänigst ersucht, seine Heizung doch bitteschön auf den Betrieb mit Erdgas umzustellen und entsprechend umzubauen.
Versüßt wird dieser Wunsch mit dem Angebot eines zinsverbilligten Kredits aus städtischen Mitteln, der zweckgebunden für den Heizungsumbau verwendet werden muss.
Das Angebot erscheint mir günstig und sinnvoll, so dass ich die Stadtwerke bitte, mein Haus mit einem Erdgasanschluß zu versehen und gleichzeitig beauftrage ich eine Installationsfirma, die Heizungsanlage entsprechend umzubauen.
Die zugesagte Kreditsumme über sechstausend Deutsche Mark befindet sich schon bald auf meinem Konto und wird, nachdem sie von mir

noch etwas aufgestockt ist, an die Heizungsbaufirma überwiesen.

Das Wichtigste kommt jetzt, denn natürlich muss auch eine neue Heizungsanlage genehmigt werden, aber da es hier letztendlich mehr um staatliche Einnahmen geht, als um meine warmen Füße, wird der entsprechende Antrag schnell bearbeitet und schon sechs Wochen später schmückt diese Genehmigung und Gebrauchsabnahme meinen Aktenordner mit der Aufschrift „Haus".

Später werde ich mir sagen lassen müssen, dass weder so eine Vorgehensweise einer städtischen Einrichtung, in diesem Fall der Stadtwerke, noch eine solche Genehmigung für die Heizungsanlage oder die früher erteilten Genehmigungen zum Bau von Sickergruben oder für den Betrieb eines Schornsteins irgendwelche Auswirkungen auf den rechtlichen Status meines Hauses haben.

Es ist in Deutschland absolut legitim, dass eine Behörde zunächst um Investitionen in ein Gebäude nachsucht, diese sogar mit öffentlichen Mitteln fördert und anschließend den Abriss desselben Gebäudes, das sie eben noch gefördert hat, verlangt.

Geplante Sanftmut

Immer wieder marschiert ein Herr Voigt mit
bedeutungsvoller Miene und einem Dackel
neben sich durch das mit den großen, kleinen,
schönen, alten oder neueren Häusern bebaute
idyllische Waldwohngebiet in Buchholz-Sprötze
und erfüllt seine Aufsichtspflichten als
Mitarbeiter der Bauordnungsbehörde gegenüber
den Hausbesitzern.
Immer wieder gefällt ihm irgendetwas nicht,
immer wieder glaubt er, mit seinem Expertenblick
baulichen Regelwidrigkeiten auf der Spur zu sein,
wobei als Maßstab überwiegend die eigene
geistige Kapazität eingesetzt wird.
Und immer wieder ärgern sich die Hausbesitzer
über diesen häufigen Träger eng sitzender
schwarzer Lederhosen, der plötzlich und
unangemeldet mitten auf ihrem eigenen
Grundstück vor ihnen steht und irgendwelche
Anweisungen oder Kommandos erteilt.
Schließlich ringt sich der Rat der Stadt Buchholz
zu der Einsicht durch: Hier muss etwas
geschehen!
Was zu geschehen hat, steht ziemlich schnell fest,

denn es muss ein Regelwerk geschaffen werden,
das zwar einerseits Herrn Voigt bändigt,
andererseits aber dennoch der Obrigkeit
Möglichkeiten erschließt, den Bewohnern des
Gebietes nach mehr als fünfzig Jahren Freiheit
nun endlich in Form sogenannter
„städtebaulicher Ordnung" Fesseln anzulegen.
„Bebauungsplan" heißt so ein Bürokratiemonster
im Fachjargon.
Es soll jedem Menschen einfach, eindeutig und
übersichtlich klarmachen, was er mit, in, an, vor,
hinter, neben und unter seinem eigenen Haus
und auf seinem eigenen Grundstück darf und
was nicht. Deshalb besteht dieses
Musterexemplar germanischer Regelungswut in
Buchholz in der Nordheide aus 153 Seiten eng
bedrucktem Papier im DIN-A4 Format.
Ich diskutiere mit meiner Familie und mit
Freunden zu dieser Zeit darüber, ob wir in
Deutschland wirklich in Freiheit leben, wie es uns
Politiker und öffentliche Meinung nur zu gerne
einzureden suchen. Sicher, die Freiheit des
Einzelnen sollte dort enden, wo die Freiheit des
Anderen eingeschränkt wird, aber hier kann von
einer Einschränkung anderer durch die Freiheit, in
gehörigem Abstand ein eigenes Haus zu besitzen

und zu bewohnen, schließlich auch nicht andeutungsweise die Rede sein. Es muss also noch etwas anderes hinter diesem behördlichen Vorgehen stecken und ich beschließe, der Sache auf den Grund zu gehen.

Als ich von diesem Bebauungsplan erfahre, weiß ich zunächst nicht, ob ich darüber lachen oder ärgerlich werden soll. „Wie kann es sein, dass zuerst einmal über zweihundert Häuser existieren und dann mehr als fünfzig Jahre nach deren Errichtung deren Bau geplant wird?" so geht es mir durch den Kopf. „Sind dort einfach völlige Idioten am Werk, die sonst nichts zu tun haben, stehen vielleicht finanzielle Interessen einzelner Ratsmitglieder oder Verwaltungsmitarbeiter dahinter oder hat sich sogar schon die Mafia bis in die Nordheide ausgebreitet?" Fragen über Fragen tauchen auf, doch zunächst einmal entscheide ich mich mich ganz einfach für das Lachen, indem ich mich an die skurrilen Geschichten des Palmström bei Christian Morgenstern erinnere, der seine Welt zu verstehen suchte nach dem Motto: „Weil, so schließt er messerscharf, nicht sein kann, was nicht sein darf."

Mehr als zweihundert Häuser existieren eben nicht, wenn sie nicht im Rahmen einer städtebaulichen Ordnung geplant und bürokratisch erfaßt sind.

Zuerst müssen deshalb erst einmal die Existenz und die Abmessungen dieser Häuser amtlich festgestellt werden, denn obwohl die Gebäude ja schon teilweise seit mehr als fünfzig Jahren dort am selben Platze stehen, hat die Gemeindeverwaltung der Stadt Buchholz in der Nordheide angeblich noch keine wirkliche Kenntnis von ihnen.und hier schlägt wieder die große Stunde des städtischen Lederhosenfans und Spitzenmannes Voigt.

Bewaffnet mit einem Maßband und einem Adjudanten rückt er aus, um Abmessungen und Grundflächen auch meines Hauses in Aktenform zu dokumentieren.

Dabei stößt er auf ein allerdings fast unlösbares Problem: Zwei Wände meines Hauses stehen an zwei Ecken nicht rechtwinklig zueinander, sondern in einem spitzen Winkel.

Das bedeutet, es müssen Dreiecksflächen berechnet werden. Nun fliegt zwar die Menschheit inzwischen zum Mond, aber das bedeutet nicht

zwangsläufig, dass sämtliche Mitarbeiter des Bauordnungsamtes der Stadt Buchholz in der Lage sind, eine solche Dreiecksfläche korrekt zu berechnen. (Es sei ihnen hier verraten: Die Fläche eines Dreiecks ist so groß wie die Hälfte des dazugehörigen Quadrates!) Da aber eine entsprechende Software zur Bewältigung dieses mathematischen Kraftaktes noch nicht zur Verfügung steht, schätzt Herr Voigt die Grundfläche meines Hauses der Einfachheit halber auf 267 Quadratmeter.

Obwohl man bei einer Akteneinsicht die von einem Vermessungsbüro später exakt eingemessene Grundfläche von lediglich 177 Quadratmetern Grundfläche meines Hauses in den städtischen Akten dokumentiert vorfindet, übernimmt die Bauverwaltung in sämtliche später folgenden Planungs- und Gerichtsakten den um veritable 90 Quadratmeter zu hohen Schätzwert des Herrn Voigt. Und ebenso selbstverständlich übernehmen Verwaltungs- und Oberverwaltungsgericht Lüneburg trotz mehrfachen Protestes und ausdrücklichen Hinweises auf die städtische Bauakte diese vollkommen falsche Zahl , denn nun kann man

behaupten, dass es sich bei der Größe meines Hauses im Vergleich zur Nachbarschaft um einen „Ausreißer" handelt.

All diese intellektuellen Anstrengungen kosten Geld, Geld, das die Gemeinde für die Bezahlung ihrer Topmitarbeiter dringend benötigt, von denen wir später noch eine ganze Reihe kennenlernen werden, und das deshalb nicht für die Aufstellung eines Bebauungsplanes zur Verfügung steht.

Also greift man auch hier zu dem schon seit Jahrtausenden erprobten Mittel, indem die sogenannte Obrigkeit nämlich dem Bürger einfach noch etwas mehr Geld aus seiner Tasche zu ziehen sucht.

Um etwaigen Protesten und Widerständen von vorne herein den Boden zu entziehen, droht und erpresst man die Hausbesitzer im idyllischen Waldwohngebiet von Buchholz-Sprötze ganz einfach: Entweder ihr zahlt oder eure Häuser werden abgerissen..

Schließlich wollen wir mit der Aufstellung eines Bebauungsplanes euch doch nur etwas Gutes tun. Eigentlich bewohnt ihr ja schon seit vielen Jahrzehnten Schwarzbauten, die ohne Genehmigungen errichtet worden sind.

Eigentlich seid ihr deswegen alle etwas kriminell angehaucht, nun seid doch froh und dankbar, dass wir eure Wohnungen legalisieren wollen!
Eigentlich könnten wir eure Häuser und Wohnungen ganz einfach abreißen.
Eigentlich müsstet ihr im Obdachlosenasyl wohnen und nicht im eigenen Haus, auch wenn es euch gehört und von euch und eurem Geld oder dem Geld eurer Vorfahren bezahlt wurde.
In diesem Sinne wird argumentiert, der grundgesetzlich garantierte Schutz des Eigentums ist in Teilen unserer Republik ganz offensichtlich in Vergessenheit geraten, wenn es um übergeordnete Interessen geht.
Also wird nun ein Vertrag geschlossen, „städtebaulicher Vertrag" genannt, zwischen den Anwohnern des Gebietes und der Gemeinde Buchholz, mit folgendem Inhalt:
Zwei Drittel der Kosten für die Aufstellung eines Bebauungsplanes zahlen die Anwohner, ein Drittel bezahlt die Gemeinde.
Mit 600 guter Deutscher Mark schlägt dieser Vertrag für jeden Häuslebesitzer zu Buche, aber was tut man nicht alles, um sich von den Attacken eines Herrn Voigt und seiner Helfershelfer in der Kommunalverwaltung freizukaufen.

Eine Besonderheit weist so ein städtebaulicher
Vertrag allerdings auf, die ihn von allen anderen
Verträgen in deutschen Landen unterscheidet.
 Der normale Bürger nämlich **muss** einen einmal
geschlossenen Vertrag einhalten, eine Gemeinde,
genauer gesagt der Rat einer Stadt, muss das
hingegen nicht so uneingeschränkt, denn die
Ratsmitglieder dürfen, so sagt es unser
Grundgesetz, nicht in der Freiheit ihrer
Entscheidungen eingeschränkt werden, auch
nicht durch einen vorher abgeschlossenen
Vertrag.
In diesem Fall heißt das konkret: Hausbesitzer,
bezahle erst mal, ob du aber überhaupt etwas
oder was genau du dafür bekommst, wird sich
erst später herausstellen, wenn der Stadtrat
darüber entscheidet, ob dein schon lange von dir
bewohntes Häuschen überhaupt ein
Daseinsrecht hat oder nicht.
Unwillkürlich kommen mir beim Schreiben dieser
Zeilen noch ganz andere Verträge, z.B.die
sogenannten Maastrich-Verträge der
Europäischen Union, in den Sinn.
Sie wurden zwar abgeschlossen, sogar ratifiziert
und unterzeichnet, aber dennoch fühlten sich die
beteiligten Regierungen Deutschlands und

Frankreichs nicht im geringsten dazu verpflichtet, diese Verträge später dann auch wirklich einzuhalten. Welche Regierung schert sich schon um vertraglich festgelegte Schuldengrenzen, wenn es ihr später opportun erscheint, abgeschlossene und verbindlich von den Parlamenten ratifizierte Verträge doch lieber nicht einzuhalten?

Und nicht nur die griechische Regierung schließt zunächst Verträge, um Kredite zu erhalten, hält nach dem erfolgten Geldeingang diese Verträge dann aber auch nicht ansatzweise ein.

Nun erfordert das Aufstellen dieses Bürokratieungetüms von einem Bebauungsplan gewisse Fachkenntnisse sowie ganz einfach auch Fleiß, also Eigenschaften, die im Baudezernat der Stadt Buchholz in der Nordheide, vorsichtig und sehr höflich ausgedrückt, durchaus noch ausbaufähig sind.

In sicherer Erkenntnis dieser Situation beauftragt die Stadtverwaltung deshalb das Hannoveraner Planungsbüro Koch mit der Erarbeitung eines Bebauungsplanes für das Gebiet Sprötze-Lohbergen.

Dieses Planungsbüro, das offensichtlich sehr gut davon lebt, gegen gesonderte Bezahlung die Arbeiten zu erledigen, für die die Mitarbeiter der

Kommunen bereits ebenfalls ihre Gehälter beziehen, tut nun erstmal dasselbe (in gutem Stundenlohn, versteht sich!), was, wie weiter oben geschildert, unser Spitzenmann Herr Voigt bereits früher vollbracht hat:
Es stellt durch Besuche auf jedem Grundstück fest, wo sich überhaupt Gebäude befinden und welche Abmessungen diese Gebäude besitzen. Damit die Sache aber nicht zu sehr in Arbeit ausartet, werden in Wirklichkeit überwiegend die von Herrn Voigt seinerzeit erdachten Zahlen und Angaben einfach übernommen, ohne sie einer wirklichen genaueren Prüfung umfassend zu unterziehen.
Nach vielen Sitzungen, diversen Besprechungen und lang andauernden Konferenzen entsteht schließlich ein großer Stapel bedrucktes Papier, der zahlreichen Behörden sowie den Bürgern zur Stellungnahme vorgelegt wird. Die in dem Papierstapel enthaltenen Vorschriften besagen im wesentlichen folgendes:

> Das Gebiet, für das dieser Bebauungsplan
> Sprötze-Lohbergen gelten soll, besteht aus
> Wald, in dem jede Bebauung verboten ist.
> Gebaut werden dürfen Häuser bis
> zu bestimmten Obergrenzen, meistens bis

zu 60, 75 oder 90 Quadratmetern
Grundfläche.
Erlaubt ist auch jeweils ein sogenanntes
Nebengebäude oder eine Nebenanlage, wie z.B.
 eine Terrasse oder ein Carport bis zu einer
Höchstgrenze von 35 Quadratmetern.
 Zäune sind verboten.

Ja, lieber Leser, Du hast richtig gelesen, auf ein
und derselben Seite Papier steht für dieselben
Flächen einerseits die Bezeichnung„Wald“, in dem
jedes Bauen verboten ist, und gleichzeitig auch
„erlaubt ist der Bau von Häusern einer
bestimmten Grundfläche“.
Selbst jeder geistig minderbemittelte erkennt
sofort den Widerspruch, denn entweder das
Bauen ist generell und vollständig verboten, dann
dürfen auch keine Gebäude einer bestimmten
Größe errichtet werden, oder es dürfen
bestimmte Häuser gebaut werden, dann ist das
Bauen aber nicht generell und vollständig
verboten. Doch mit dieser Erkenntnis sind Rat
und Verwaltung der Stadt Buchholz in der
Nordheide im Jahre 2005 offensichtlich
überfordert.

Die Bürger laufen Sturm gegen diese

bürokratische Mißgeburt, denn 148 der
insgesamt 207 Gebäude verfügen seit zum Teil
mehr als achtzig Jahren über größere
Grundflächen, als sie nun in diesem von ihnen
selbst auch noch maßgeblich mitfinanzierten
Bürokratiemonster vorgesehen sind.
Auch die übergeordneten Behörden, der
Landkreis Harburg und die damalige
Bezirksregierung Lüneburg, sehen den für
jedermann offensichtlichen Widerspruch, dass
nämlich einerseits im Wald jede Bebauung
verboten ist, andererseits Häuser bestimmter
Größen aber dennoch erlaubt werden.
Doch im Buchholzer Rathaus bleibt man stur und
vollständig beratungsresistent.
Die Ratsmitglieder verabschieden dieses
einzigartige Konstrukt dummer Bürokraten im
Frühjahr des Jahres 2005 und setzen es als Gesetz
in Kraft.
Angesichts eines so extremen Maßes an
fachlicher Inkompetenz muss die Frage nach Sinn
und Berechtigung der kommunalen
Selbstverwaltung in aller Deutlichkeit gestellt
werden.
Ohnehin stellt es in einer zunehmend
technisierten
und damit komplizierter und intellektuell

anspruchsvoller werdenden Welt ein erhebliches Risiko dar, wenn eine Gesellschaft oder ein Land ausschließlich von Laien regiert werden, die über keinerlei spezifische Fachkompetenz in Bezug auf die von ihnen zu treffenden Entscheidungen verfügen.

Der Bundestag in Berlin beschäftigt immerhin einen umfangreichen wissenschaftlichen Dienst im Hintergrund, durch den sich die Abgeordneten fachkundig machen und beraten lassen können, ein Kommunalparlament einer deutschen Kleinstadt aber verfügt über diese Möglichkeiten nicht.

Die Folgen dieses Systemfehlers liegen auf der Hand: Hohe Verschuldungen der Kommunen, Verkehrsprobleme in den Innenstädten, soziale Brennpunkte und ausufernde Bürokratie, um nur einige Problemfelder zu nennen, sind in fast allen Kommunen Deutschlands an der Tagesordnung. Hier ist eine qualifizierte ordnende Hand einer übergeordneten Landes- oder Bundesregierung dringend gefragt, denn wie sollen z. B. der Lebensmittelkaufmann eines örtlichen Supermarktes, ein pensionierter Lehrer oder ein

Kanalrohrreinigungsgehilfe als
Feierabendpolitiker wissen, was für ihre
Kommune wirklich gut oder böse ist.

Post von oben – Irrsinn pur

Nun bekommen die Bürger Post: Verkleinern Sie bitte ihre Häuser auf die Abmessungen des Bebauungsplanes, teilen Sie uns mit, welche Gebäudeteile Sie freiwillig abreißen möchten. Falls Sie dazu nicht bereit sind, werden wir ihr Gebäude vollständig abreißen.

Die Bürger sind einerseits empört über diese Art von Erpressung, viele suchen Rat bei Rechtsanwälten, andererseits aber fürchten sie den Totalverlust ihrer Häuser. „Besser ein kleineres Haus als gar keins", sagt sich so mancher vor allem der älteren Hauseigentümer und beauftragt tatsächlich ein Bauunternehmen, den Wintergarten oder Teile seines Wohnzimmers abzureißen.

Einer damals dreiundsiebzigjährigen ihr Haus alleine bewohnenden Witwe kommt man äußerst„großzügig" entgegen:

Es genügt nämlich den Bürokraten, wenn sie ihren Carport abreißt und somit auf eine Nebenanlage außerhalb ihres Hauses verzichtet. Außerdem muss sie die Türe zu ihrem Schlafzimmer zumauern lassen und statt dessen einen neuen Zugang von außen in ihr Schlafzimmer schaffen. Dann gilt das Schlafzimmer nämlich nicht mehr

als Teil des Gebäudes, sondern als „Nebenanlage".

Man stelle sich das vor: Auch in der kältesten Winternacht soll sie nun ihr Haus durch die Haustüre verlassen, einige Meter im Nachthemd oder Bademantel um ihr Haus herumgehen, um ins Schlafzimmer zu gelangen, nur weil ein Stadtrat diesen Irrsinn angeblich zum Erhalt einer sogenannten städtebaulichen Ordnung beschließt. Gibt es noch einen krasseren Fall von Bürokratie- und Behördenirrsinn?

Ja, lautet die Antwort, die Stadt Buchholz in der Nordheide liefert nämlich problemlos noch kuriosere Beispiele.

Der Bebauungsplan erlaubt, wie schon gesagt, nur Nebenanlagen bis zu einer bestimmten Größe. Zu den Nebenanlagen zählen auch die Terrassen der Gebäude. Nun hat mancher der Hausbewohner nicht zuletzt wegen der schönen Natur in der Nordheide eine Terrasse, die größer ist als die durch den Bebauungsplan erlaubten 35 Quadratmeter. Aber man zeigt sich auch hier großzügig. Wenn der Hausbesitzer die Flächen, die 35 Quadratmeter übersteigen, nämlich etwas mit Sand bestreut, gilt die Terrasse als ordnungsgemäß verkleinert. (Dass so mancher Hausbewohner nach erfolgter Überprüfung durch

die Baubehörde den Sand wieder zur Seite gefegt
hat, soll ein böses Gerücht sein.)
Und der Irrsinn ist noch längst nicht zu Ende:
Zäune sind durch den Bebauungsplan untersagt.
Wohlgemerkt Zäune, aber nicht Zaunpfähle und
auch nicht die Tore vor den Grundstückszufahrten
oder Pforten!
Der Leser ahnt jetzt schon, wie die Wege in dem
geschilderten Gebiet heute an ihren Rändern
aussehen.
Die Zaunpfosten stehen dort noch als einsame
Denkmäler politischer und bürokratischer
„Intelligenz" alleine am Wegesrand herum, ihrer
eigentlichen Funktion als Träger eines Zaunes
beraubt und nur ergänzt durch ebenso einsam
und sinnlos herumstehende Tore vor den
einzelnen Grundstücken.
Wenn ich heute in dem Gebiet einen Spaziergang
mache, kommt mir angesichts dessen, was ich
dort als Resultat politischer Entscheidungen zu
sehen bekomme, unwillkürlich Loriot in den Sinn
mit seinem Ausspruch „Politiker sind am besten
auf Wahlplakaten aufgehoben, dort sind sie
stumm und leicht zu entsorgen." Zumindest für
den Rat der Stadt Buchholz im Jahre 2005 stimmt
diese Behauptung ohne jede Einschränkung.

Nun mag man glauben, dass sich dieser ganze
Unfug widerspruchslos entfalten konnte, aber das
ist – eigentlich muss man sagen glücklicherweise -
nicht der Fall.

Ein Bürger muckt auf

In einem Gespräch mit dem damaligen Buchholzer Bürgermeister Wilfried Geiger am 23. November 2006 mache ich den obersten Verwaltungsmitarbeiter der Stadt Buchholz darauf aufmerksam, dass sämtliche von mir befragten Fachjuristen und Experten nur den Kopf geschüttelt haben und diesen Bebauungsplan für unsinnig, gesetzeswidrig und unwirksam halten und dass, wie schon gesagt, auch die übergeordneten Behörden diese Meinung weitestgehend teilen.
Sobald er mir gegenüber angewendet werden würde und ich irgendwelchen Repressalien deswegen ausgesetzt sein würde, würde ich den Rechtsweg beschreiten und diesen Bebauungsplan einem gerichtlichen Normenkontrollverfahren unterziehen.
Alternativ rege ich an, dass die Stadt Buchholz von sich aus den Plan noch einmal überprüft und überarbeitet, um gerichtlichen Auseinandersetzungen, die wahrscheinlich auch noch von mehreren Bürgern begonnen würden, von Anfang an den Boden zu entziehen.

Schon am nächsten Tag erhalte ich einen Anruf
des Bürgermeisters, in dem mir kurz und knapp
mitgeteilt wird, man suche die gerichtliche
Auseinandersetzung mit mir und werde den
Bebauungsplan „Sprötze-Lohbergen" nicht
überarbeiten, denn er sei mit Sicherheit
vollständig gerichtsfest und rechtskonform.
Fassungslos über dieses Ausmaß an Ignoranz,
Dummheit und übersteigertem Selbstbewußtsein
lege ich den Telefonhörer zur Seite, denn
schließlich stehe ich mit meiner lediglich auf
gesundem Menschenverstand basierenden
Meinung ja keineswegs alleine da.
Familienintern diskutieren wir zu dieser Zeit
häufig über diese Vorgehensweise des
Bürgermeisters, ohne jedoch zu einer plausiblen
Erklärung zu kommen. Ich mag nicht glauben,
dass es sich ganz einfach um Dummheit handelt,
meine Geschwister sehen einen politischen
Rechtsruck, wieder andere sehen persönliche
Befindlichkeiten als Ursache.
Einige Tage vor Weihnachten, genau am 8.
Dezember des Jahres 2006 ,erhalten meine Frau
und ich dann erwartungsgemäß unsere
Weihnachtsgeschenke in Form je einer

Beseitigungsverfügung der Stadt Buchholz in der Nordheide:
Sie haben ihr Wohnhaus bis zum 31. Juli 2011 zu beseitigen, die auf dem Grundstück befindlichen Nebenanlagen des Gebäudes mit Ausnahme des Carports bereits bis zum 30. Juni 2007.
Allein der Carport ist von dieser Verfügung ausgenommen, denn er entspricht den Festsetzungen des Bebauungsplanes. Er darf stehen bleiben und steht noch heute.
Gegen die Beseitigung des Wohnhauses kann ich vor dem Verwaltungsgericht klagen und man wird – so nett und großzügig ist man doch! - den Richterspruch abwarten, bevor man den Abriss wirklich verlangt, die sogenannten Nebenanlagen aber, nämlich ein Baumhaus unserer Kinder, ihr Schwimmbecken, ein kleiner Holzschuppen und der seinerzeit vom Land Niedersachsen bezahlte (!) Wildschutzzaun um das Grundstück herum müssen sofort beseitigt werden, unabhängig vom Ausgang etwaiger Gerichtsverfahren.
Meine Reaktion steht umgehend fest: Klage gegen die gesamte Abrissverfügung und Klage gegen den Bebauungsplan!

Ich hänge damals der sich später als naiver
Kinderglaube entpuppenden Überzeugung an,
dass es zwar besonders in der Verwaltung
kleinerer Kommunen immer wieder
Fehlentwicklungen gibt, diese jedoch später von
der Justiz korrigiert werden. Schließlich haben die
Väter unseres Grundgesetzes die
Verwaltungsgerichtsbarkeit extra dazu
geschaffen, um den Bürger vor der Willkür des
Staates zu schützen und haben die Richter mit
richterlicher Unabhängigkeit versehen.
Gleichzeitig überkommt meine Familie und mich
aber auch ein ungutes Gefühl mit der Frage. „Sind
wir wirklich sechzig Jahre nach Beendigung der
Nazi-Diktatur schon wieder auf dem Weg dahin,
unliebsame kritische Bürger durch Vertreibung
aus ihrer Wohnung mundtot zu machen?"
Man erinnert sich: Einen unbequemen Gustl
Mollath hat vor nicht langer Zeit ein Gericht
kurzerhand einfach rechtswidrig in die Psychiatrie
gesteckt, um ihn loszuwerden.

Originelle Rechtsprechung

Das Verwaltungsgericht Lüneburg gibt mir sofort
in einem Punkte Recht: Auch für die Beseitigung
der Nebenanlagen muss zuerst mal der
Richterspruch abgewartet werden, denn das
erkennen unsere klugen Richter sofort , dafür
haben sie jahrelang studiert und ihren Geist
geschärft: Was weg ist, ist weg! Was nützt noch
eine gerichtliche Entscheidung, wenn vorher
schon vollendete Tatsachen geschaffen wurden?
Einige Monate später steht dann an einem
verregneten Herbstmorgen das
Verwaltungsgericht Lüneburg, nunmehr in Gestalt
des Einzelrichters Pump vor meinem Tor.
Lokaltermin und mündliche Verhandlung über die
Abrissverfügung hat er auf seinem
Programmzettel.
Man erklärt mir, dass man das Grundstück auch
gegen meinen Willen betreten dürfe, das
Gebäude hingegen nicht, aber in Anbetracht des
immer stärker werdenden Regens überkommt
mich ein tiefes Mitleid mit der Justitia und ich
bitte die kleine Gesellschaft, zu der sich
inzwischen noch mein Anwalt, die

Rechtsdezernentin der Stadt Buchholz, Hilke Henningsmeyer und ein Zeitungsreporter gesellt haben, in unser trockenes und warmes Esszimmer.

Dort wird nun verhandelt.

Der Leser wird sich erinnern – insgesamt umfasst das Gebiet 207 Gebäude, von denen 148 keine Genehmigung besitzen, die verbliebenen 59 hingegen sind durch Baugenehmigungen genehmigt, so dass ich der Darstellung der Stadt Buchholz, es handele sich bei dem Gebiet um einen Außenbereich, in dem es grundsätzlich keine Genehmigungen gäbe, vehement widerspreche. Außerdem habe doch die Stadt Buchholz für das Gebiet einen Bebauungsplan aufgestellt, folglich könne es sich deswegen nicht mehr um einen Außenbereich handeln, denn im Außenbereich sei eine Bebauung doch, wie ich ja nun gerade gehört hätte, generell verboten.

Aber das alles beeindruckt Herrn Pump nicht im geringsten. Die in meiner unmittelbaren Nachbarschaft bereits früher erteilten 59 Baugenehmigungen seien eben allesamt fehlerhaft und rechtswidrig erteilt worden, es hätte sie nicht geben dürfen, weswegen ich mich darauf auch nicht berufen könne. Im übrigen störe mein Haus, obwohl es von außerhalb des

Grundstücks wegen des hohen und alten Baumbestandes nicht sichtbar sei, die öffentliche Ordnung.

Ich merke: Nur ein völlig weltfremder Trottel glaubt, das bei diesem Gerichtstermin an unserem Esstisch wirklich noch über Argumente nachgedacht und verschiedene Gesichtspunkte objektiv gegeneinander abgewogen werden. In Wirklichkeit ist es längst beschlossene Sache, dass ich den Prozess verlieren soll, womöglich als Einschüchterungsmaßnahme, um mich zur Rücknahme meines Normenkontrollantrages gegen den Bebauungsplan zu bewegen oder ganz einfach als Rache für eben diesen Normenkontrollantrag.

Wenn über Jahre hinweg erteilte rechtskräftige und angewandte 59 Baugenehmigungen der Verweigerung einer sechzigsten Genehmigung im Wege stehen, werden diese 59 früher erteilten Genehmigungen eben einfach als Irrtum bezeichnet. So einfach ist das in unserem Rechtsstaat – was nicht zur gewünschten Rechtsprechung passt, wird als Irrtum deklariert, der deswegen keine Rechtswirkungen entfaltet. In Anwendung desselben Prinzips habe ich mal versucht, einem Punkt in der Flensburger

Verkehrssünderkartei zu entgehen, nachdem ich bei Spät-Gelb über eine Ampelkreuzung gerauscht war. Müßig zu sagen, dass das nicht geklappt hat, denn so ist das nun mal mit den Irrtümern in deutschen Landen – die Einen dürfen sich irren, die Anderen nicht.

Nach sechswöchiger Bedenkzeit urteilt schließlich der Richter Pump, dass die Abrissverfügung der Stadt Buchholz rechtmäßig sei, denn es existiere für das Gebäude keine Baugenehmigung und weil es sich im sogenannten Außenbereich befände und auch den Vorgaben des Bebauungsplans widerspräche, könne es auch nicht nachträglich genehmigt werden.

Die früher von der Stadt und dem Landkreis erteilten Teilgenehmigungen für Heizung und Abwasser sowie der von der Stadt Buchholz gewährte Kredit zum Erdgasanschluß hätten keine Auswirkungen auf die Rechtmäßigkeit des Hauses.

So einfach ist das – was einer autoritär denkenden Bürokratie nicht passt, wird willkürlich und nach Belieben als Irrtum abgestempelt und auf diese Weise unschädlich gemacht.

Einige Jahre später wird mir allerdings eiskalt die

genau umgekehrte Argumentation
entgegengehalten.

Dann heißt es nämlich: Wenn man nur gegen
mich allein vorgeht und nicht gegen die übrigen
Hausbesitzer der Region, so stelle das keinen
Verstoß gegen den grundgesetzlichen
Gleichheitsgrundsatz dar, denn die Mehrzahl der
übrigen Häuser verfüge ja über Duldungen oder
Genehmigungen.

Mal wirken also die nach Ansicht des
Verwaltungsgerichtes Lüneburg irrtümlich
erteilten Genehmigungen, mal wirken sie nicht, je
nach dem, welches Ergebnis Bürokraten und
Verwaltungsgerichte gerade haben möchten.

Man biegt es so und lügt es so zusammen, wie
man es gerade benötigt, um ein gewünschtes
Ergebnis zu erzielen.

Mir bleibt als Reaktion auf dieses juristische
Schurkenstück zunächst nur die Beschwerde bei
der übergeordneten Instanz, dem
Oberverwaltungsgericht Lüneburg, die ich auch
sofort einlege.

Dabei frage ich mich, ob ich nun inzwischen zum
Michael Kohlhaas geworden bin, zu jenem von
dem schweizer Dichter Gottfried Keller
geschaffenem Einzelkämpfer, der um jeden Preis,
selbst um den Preis der vollkommenen

Selbstzerstörung willen, sein Recht durchsetzen möchte.

Doch damals wie heute komme ich zu dem Ergebnis, dass eine Lebensführung in der Gewißheit, sich maßgeblich nicht nur einer erkannten Dummheit, sondern sogar verbrecherischen Kräften untergeordnet und gebeugt zu haben, nicht erstrebenswert ist. Man würde sich wohl lebenslang Vorwürfe machen, weder Standhaftigkeit noch ausreichend Kraft und Energie besessen zu haben, um sich gegen kriminelle Bürokraten zur Wehr zu setzen. Mehr als einmal habe ich als Florestan in Beethovens Oper „Fidelio" zwar ungerechtfertigt im Kerker gelegen, aber dennoch innerlich zufrieden, denn alles zum Erhalt ethischer Normen früher in seiner Macht stehende hat dieser Florestan seinerzeit wenigstens versucht. Er hat sich staatlichem Unrecht nicht gebeugt. Im übrigen hat mich sehr beeindruckt, was der sogenannte „Nazijäger" Simon Wiesenthal in seinem Buch „Recht, nicht Rache" darlegt. Er verweist nachdrücklich auf den früher begangenen Irrtum zu glauben, daß das Volk Schillers und Goethes zum Begehen von

Verbrechen nicht fähig sei. Und er fordert uns Heutige auf: „Deshalb muss man von Beginn an kämpfen. Ihr müsst gegen die kleinen Ungerechtigkeiten zu Felde ziehen – das erfordert manchmal genauso viel Zivilcourage und Mut wie der Kampf gegen das große Unrecht."
Und schließlich – nicht nur der Verstoß gegen Anstand und Gesetze treiben mich in dieser Situation zum unbedingten Widerstand an, sondern auch der Wunsch, den materiellen Wert des Gebäudes und den Wohnraum für meine Familie und mich sowie das Elternhaus meiner Kinder zu erhalten.

Man denkt

Schon während das Verwaltungsgericht Lüneburg diese eben geschilderte juristische „Spitzenleistung" ausbrütet, befaßt man sich einige Straßenecken weiter, im Gebäude des Oberverwaltungsgerichtes Lüneburg, mit meiner Normenkontrollklage gegen den Bebauungsplan. An einem Nachmittag des Jahres 2009 kommt es dort schließlich zu einer mündlichen Gerichtsverhandlung, an deren Ende der vorsitzende Richter Claus (etwas dicklich, grauer Spitzbart, mir mehr bekannt für markige Sprüche als für sachgerechte Entscheidungen und sich seiner Bedeutung voll bewußt) verkündet: Einige Festsetzungen des Bebauungsplanes sind unwirksam, die überwiegende Anzahl der Festsetzungen jedoch nicht, die Revision zum Bundesverwaltungsgericht in Leipzig wird zugelassen.
Also, neues Spiel, neues Glück, ich reiche umgehend in der Bach-Stadt Leipzig den Antrag ein, den Bebauungsplan „Sprötze-Lohbergen" der Stadt Buchholz in der Nordheide den Bach runtergehen zu lassen.

Ein Versuch

2010 starte ich einen Versuch, den Konflikt
diplomatisch aus der Welt zu schaffen, indem ich
über einen Architekten eine Bauvoranfrage an die
Stadt Buchholz richte. Würde ich, genauso, wie es
in meiner unmittelbaren Nachbarschaft gerade
geschehen ist, die Genehmigung erhalten, mein
Haus abzureißen und statt dessen ein neues
Gebäude nach den Vorgaben des
Bebauungsplanes zu errichten? Ich würde dann
die Normenkontrollklage gegen den
Bebauungsplan zurückziehen.
Man könne das zur Zeit nicht entscheiden, lautete
die Antwort.
Man hat es bis zum heutigen Tage im Frühjahr
des Jahres 2016 trotz mehrerer Nachfragen noch
immer nicht entschieden!

Geplatzt!

Im Frühjahr 2011 keimt Hoffnung auf und es
wächst trotz meiner Erfahrung mit dem Richter
Pump in allerdings geringem Maße mein Glaube
an ein doch noch funktionierendes Rechtssystem
in Deutschland.
Es zeichnet sich ab, dass das
Bundesverwaltungsgericht in Leipzig meiner
Rechtsauffassung folgen und diesen
Bebauungsplan für vollständig rechtswidrig und
unwirksam erklären wird. Da unter anderem mit
den Abweichungen von den Festsetzungen dieses
Bebauungsplans die Abrißverfügung gegen mein
Wohnhaus begründet wurde, würde mit einem
solchen Richterspruch des
Bundesverwaltungsgerichts auch diese
Abrißverfügung hinfällig sein.
Seit seiner Inkraftsetzung durch den Rat der Stadt
Buchholz sind mehr als sechs lange Jahre ins Land
gegangen, Jahre, in denen die Stadt Buchholz
ohne die Entscheidung des
Bundesverwaltungsgerichtes abzuwarten, diesen
Bebauungsplan angewandt hat, indem sie
entweder Baugenehmigungen erteilt oder die
Verkleinerung der Häuser auf die im

Bebauungsplan genannten Abmessungen mit
Drohungen gegenüber den Eigentümern
durchgesetzt und die dadurch entstandenen
verkleinerten „Resthäuser" mit
Duldungserklärungen versehen hat.
Nun sieht es so aus, als wenn sich die jahrelange
Anwendung dieses Bebauungsplanes als falsch
und rechtswidrig, der Laie würde auch sagen als
„kriminell" erweisen würde.
Also schreibe ich dem Bürgermeister einen Brief
und rege ein Gespräch über eine
außergerichtliche Einigung an, denn mir ist nicht
an einer gerichtlichen Niederlage der Stadt
Buchholz mit unabsehbaren Konsequenzen
gelegen, sondern am Erhalt des Hauses, das ich
mittlerweile seit mehr als zwanzig Jahren mit
meiner Familie bewohne und in dem meine
Kinder aufgewachsen sind.
Ich rege ein Gespräch an, um nach Möglichkeiten
für eine außergerichtliche Einigung zu suchen,
stoße jedoch auf eine schroffe Ablehnung.
Nein, der Herr Bürgermeister ist sich seiner Sache
sicher, der Bebauungsplan ist rechtmäßig, die
Stadt Buchholz wird das
Normenkontrollverfahren vor dem
Bundesverwaltungsgericht gewinnen und es gibt

deswegen überhaupt keinen Grund für außergerichtliche Verhandlungen.
Dann nähert sich der entscheidende Tag, der Tag der mündlichen Verhandlung und Entscheidung des Bundesverwaltungsgerichts, der 27. Oktober 2011. Schon am Abend vorher reist eine siegessichere Delegation der Stadt Buchholz an, bestehend aus dem Bürgermeister Wilfried Geiger, dem Baudezernenten Joachim Wahlbrink, dem Mitarbeiter des Bauordnungsamtes Rolf Peter Kaufhold sowie dem Rechtsanwalt Dr. Wolfgang Schrödter. Man trinkt gemeinsam auf den Sieg am folgenden Tag und fällt anschließend behaglich in die von der Stadt Buchholz, sprich dem Steuerzahler, bezahlten Hotelbetten.
Am nächsten Morgen reise ich zusammen mit einem Neffen von mir, der für mich den Prozeß führt, in Leipzig an und betrete ehrfurchtsvoll den Verhandlungssaal des höchsten Deutschen Verwaltungsgerichts.
Der vorsitzende Richter Prof. Rubel eröffnet die Verhandlung und übergibt das Wort an den Berichterstatter des Senats, Dr. Gaatz, der seinen Vortrag beginnt mit der Bemerkung, man sei ja die originelle Rechtsprechung aus Lüneburg bereits gewohnt und dieser Fall füge sich nahtlos

in die Reihe seiner Vorgänger ein.
 Anschließend legt er dar, warum er den
Bebauungsplan der Stadt Buchholz für vollständig
unwirksam sowie rechtswidrig hält und der
Vorsitzende Richter gibt noch einige Hinweise,
wie dieser Bebauungsplan nachträglich noch
rechtskonform abgeändert werden könne.
Das Gericht zieht sich nach nur kurzer
Verhandlung zur Beratung zurück und zwei
Stunden später gibt ein Gerichtssprecher das
Urteil bekannt: „Das Urteil des
Oberverwaltungsgerichts Lüneburg vom 8.
September 2010 wird geändert. Der
Bebauungsplan „Sprötze-Lohbergen" der
Antragsgegnerin ist unwirksam. Die
Antragsgegnerin trägt die Kosten des Verfahrens."
Noch im Gerichtssaal während der Beratung des
Gerichts spreche ich den Bürgermeister an und
schlage vor, daß man das Urteil als Ende der
Auseinandersetzung ansehen solle und nicht als
Ausgangspunkt für neue Gerichtsprozesse. Er
schweigt zunächst und meint dann nach einiger
Bedenkzeit, er wolle das überlegen.
Rolf Peter Kaufhold vom Bauamt der Stadt
Buchholz wird da deutlicher. Auf der Treppe vor
dem Gerichtsgebäude schleudert er mir

haßerfüllt die Worte ins Gesicht, dass er nun als erstes mein Haus abreißen werde.
Zugleich wird mir klar, dass ich neben meinen offensichtlichen Gegnern im Buchholzer Rathaus nach dieser deutlichen Abqualifizierung des ersten Senats des Lüneburger Oberverwaltungsgerichtes durch das übergeordnete Bundesverwaltungsgericht nun auch beim Oberverwaltungsgerichts Lüneburg keine Freunde haben werde.

Aufruhr

Schon im Auto auf der Rückfahrt klingelt nonstop
mein Handy, denn Presse, Rundfunk und
Fernsehen warten sehnlichst auf das Urteil.
Zunächst glauben die Journalisten mir nicht so
ganz, denn die Stadt Buchholz war sich doch ihrer
Sache so sicher gewesen, aber dann ist die kleine
Sensation perfekt und in ganz Niedersachsen zu
hören und zu lesen: Der Bebauungsplan, mit dem
die Stadt Buchholz mehr als fünf Jahre lang ihre
Anwohner drangsaliert hat, ihre Häuser zu
verkleinern, ist unwirksam, die Stadt hat
rechtswidrig gehandelt.
Eine Lokalzeitung zitiert die Rechtsdezernentin
der Stadt Buchholz Hilke Henningsmeyer mit
einer besonderen Stellungnahme, denn obwohl
das Bundesverwaltungsgericht den
Bebauungsplan als vollständig und von Anfang an
als unwirksam bezeichnet hat, hat er bei dieser
Frau Henningsmeyer „eine juristische Sekunde
lang“ gegolten.
Der Grund für die öffentliche Verbreitung dieses
Unfugs liegt auf der Hand, denn jetzt fürchtet
man im Rathaus nicht ganz zu Unrecht das

Geltendmachen von Schadenersatzansprüchen all
der Bürger, die seinerzeit unter dem Druck der
Stadt Buchholz ihre Häuser verkleinert hatten.
Doch es gibt ein ganz einfaches Mittel, solche
Ansprüche von Anfang an zu verhindern. Hatte
man nämlich zu Beginn der Auseinandersetzung
nach Aufstellen des Bebauungsplanes die Bürger
bedroht, man werde ihre Häuser komplett
abreißen, wenn sie nicht auf die Festsetzungen
des Bebauungsplanes verkleinert würden, so
droht man jetzt einfach erneut mit einem
Komplettabriß für den Fall, dass
Schadenersatzansprüche geltend gemacht
werden.
Drohung, Nötigung und Einschüchterung des
Bürgers – Mittel der Kommunalpolitik im 21.
Jahrhundert - nur in der Nordheide?

Beleidigt

Beruhigt und behaglich lehne ich mich in meinen
Sessel zurück und genieße mein schönes Haus.
Jetzt kann nichts mehr passieren, denn die Stadt
Buchholz hat ihre Abrißverfügung gegen unser
Haus im wesentlichen mit den Abweichungen von
den Festsetzungen des Bebauungsplanes und
meiner Weigerung, das Gebäude dem Plan
anzupassen, begründet.
Der erste Senat des Oberverwaltungsgerichts
Lüneburg unter seinem Vorsitzenden Richter
Claus sowie der Richterin Dr. Berner-Peschau und
dem Richter Dr. Luth hat bisher über mehr als
zwei Jahre hinweg sich zu meiner Beschwerde
gegen das erstinstanzliche Urteil des
Verwaltungsrichters Pump nicht geäußert, so daß
ich annehme, dass man das Urteil des
Bundesverwaltungsgerichtes über den
Bebauungsplan wohl abwarten will, was aus
meiner Sicht auch sinnvoll erscheint, da, wie
schon gesagt, mit diesem Bebauungsplan ja die
Abrißverfügung gegen mein Haus maßgeblich
begründet worden war.
Doch es sollte wieder mal ganz anders kommen.

Jedenfalls ist für den ersten Senat des
Oberverwaltungsgerichtes Lüneburg das Urteil
des Bundesverwaltungsgerichtes, mit dem ja
nicht nur der Bebauungsplan für unwirksam,
sondern auch das Urteil der Vorinstanz, nämlich
eben dieses selben ersten Senats des
Oberverwaltungsgerichtes Lüneburg offiziell
formuliert „geändert" wurde, nun urplötzlich gar
nicht mehr von Bedeutung.
Wer läßt sich schon gerne abwatschen und hört
von einem übergeordneten Gericht, dass er falsch
entschieden hat?
Da liegt es nahe, die Feststellung einer eigenen
Fehlentscheidung ganz schnell als bedeutungslos
für alles Weitere herunterzuspielen.
Folglich lehnt das Oberverwaltungsgericht
Lüneburg meine Beschwerde gegen das
vorinstanzliche Urteil nach zweieinhalb Jahren
Bearbeitungszeit durch Beschluß vom 9. März
2012 ab und erklärt damit die
Beseitigungsverfügung der Stadt Buchholz gegen
mein Haus für bestandskräftig.
Eine solche Beschwerde beim
Oberverwaltungsgericht gegen ein Urteil der
Vorinstanz, also in diesem Fall des

Verwaltungsgerichts, bildet das Ende des sogenannten Rechtsweges, gegen die Zurückweisung einer Beschwerde ist direkt kein Rechtsmittel mehr möglich.

„Der Beschluß ist unanfechtbar", heißt es deshalb am Ende dieses Beschlusses und schlagartig verstehe ich folgendes: Wenn ein Beschluß des 1. Senats des Oberverwaltungsgerichtes Lüneburg das absolute Ende des Rechtsweges bedeutet, dann kann dieses Gericht vollkommen willkürlich entscheiden und schreiben, was es will – ich bin ihm völlig hilf- und rechtlos ausgeliefert. Als Begründung eines gefaßten Beschlusses könnte das Gericht auch schreiben, der Mond sei dreieckig und es tanzten auf ihm kleine grüne Männchen im Kreis.

Den wenigsten Bürgern dürfte klar sein, in welch geradezu jämmerlicher Rechtsposition man sich heute in Deutschland befindet, wenn man sich gegen Bürokratieirrsinn und Behördenterror auflehnt.

Und dieser Senat des Oberverwaltungsgerichtes Lüneburg ist nun zutiefst gekränkt und verärgert über seine von mir verursachte Niederlage beim übergeordneten Bundesverwaltungsgericht in

Leipzig. In Lüneburg wissen die Verwaltungsrichter zudem aus Presseveröffentlichungen, dass ihr Ansehen auf ein Minimum gesunken ist.

So lese ich denn in den Beschlußbegründungen dieses Gerichtes zu meinen Argumenten als Gegenargument häufig nur Formulierungen wie „das überzeugt nicht." oder „es ist nicht entscheidungserheblich" oder „es ist unerheblich". Seitenweise fehlt bei diesen Beschlußbegründungen des Oberverwaltungsgerichts Lüneburg jeglicher Bezug auf Gesetzestexte oder wenigstens auf andere Gerichtsurteile. Statt dessen sind Willkür, jeder Art von Verdrehung, Weglassen oder auch – wie sich noch zeigen wird - sogar dreisten Lügen uneingeschränkt Tür und Tor geöffnet.

Es gibt kein wirksames Rechtsmittel dagegen, behördlicher und bürokratischer Terror gegen den Bürger haben an dieser Stelle unbegrenzt freie Fahrt.

Ein alter Landwirt aus der Umgebung sucht mich zu trösten. „Scha, min Jung, so macht man das auch nich, man holt sich besser nen paar knackige und kräftige Jungs vom Kiez, die mal den

Bürgermeister abends besuchen, dann haste
Ruhe. Dat is besser un wirkungsvoller als der
Gang nach`n Jericht.“
Nun entspricht diese Art einer Problemlösung
nicht meiner Überzeugung, aber zu denken gibt
mir, dass offensichtlich schon andere vor mir
ähnliche Erfahrungen gemacht haben, wie ich sie
gerade mache.
In München, so erfahre ich, hat sich bereits ein
Verein der Justizopfer gegründet, dessen
Mitgliederzahl rapide ansteigt.

Es genügt allein der Glaube

Lediglich das Bundesverfassungsgericht in Karlsruhe kann nun noch angerufen werden, aber diese von der Öffentlichkeit und den Medien häufig nur mit einer gewissen heiligen Ehrfurcht in der Stimme genannte Einrichtung unseres sogenannten Rechtsstaates genießt den einmaligen Luxus, Verfahren zur Entscheidung annehmen oder auch ablehnen zu können, ohne dass dafür eine Begründung genannt werden muss.

Die Damen und Herren Richter in Karlsruhe machen, wie wir noch sehen werden, von dieser Arbeitsvermeidungsmethode gegenüber dem einfachen Bürger auch äußerst umfangreich und nur zu gerne Gebrauch.

Doch zunächst noch einmal zurück zu unserem Oberverwaltungsgericht in Lüneburg:

Wir erinnern uns – 148 Gebäude verfügten über keine Baugenehmigung und wurden deswegen in der Öffentlichkeit als „Schwarzbauten" diffarmiert.

Eines dieser Gebäude, nämlich das Haus meiner Familie, sollte abgerissen werden, sieben andere befinden sich noch in der Überprüfung, 140

wurden geduldet, weil sie sich den Festsetzungen
des allerdings ungültigen Bebauungsplanes auf
Druck der Stadt Buchholz und ihres
Bürgermeisters angepaßt hatten.
Diesen 140 Hauseigentümern hatte man
schriftlich zugesichert, dass man sie in Ruhe
lassen würde. Nun aber war dieser
Bebauungsplan für von Anfang an unwirksam und
rechtswidrig erklärt worden.
Meinen Einwand, dass jetzt logischerweise alle
148 Häuslebesitzer gleich behandelt werden
müßten, d.h. entweder Abriß aller Häuser oder
Duldung aller Häuser, da es in Deutschland ein
Grundgesetz gibt, vor dem alle Bürger gleich sind,
putzt der berüchtigte erste Senat des
Oberverwaltungsgerichts Lüneburg auf geradezu
abenteuerliche Weise vom Tisch.
Er erklärt nämlich, dass die Behörde ja geglaubt
hat, rechtmäßig zu handeln, als sie nur gegen
mich und mein Haus vorgegangen ist und die
übrigen einhundertundvierzig Gebäude in Ruhe
gelassen hat.
Sie hat ja geglaubt, daß der Bebauungsplan, den
sie dieser Vorgehensweise zu Grunde gelegt hat,
rechtmäßig sei.

Sie konnte ja nicht wissen, daß das
Bundesverwaltungsgericht diesen Bebauungsplan
später als rechtswidrig und unwirksam einstufen
würde.
Und wenn eine Behörde glaubt, dass sie
rechtmäßig handelt, dann handelt sie auch
rechtmäßig – auch dann, wenn sie zur
Begründung etwas anführt, das vom höchsten
deutschen Verwaltungsgericht als rechtswidrig
und unwirksam bezeichnet wird.
Sie darf nach Meinung des
Oberverwaltungsgerichtes Lüneburg diesen
gesetzeswidrigen Bebauungsplan zwar nicht für
ihre zukünftigen Planungen verwenden, wohl
aber als Grundlage und Auswahlkriterium, welche
Häuser ohne Baugenehmigung stehen bleiben
dürfen und welche nicht.
Ich beschließe sofort, mich auf meinen Glauben
zu berufen, wenn ich das nächste Mal mit mehr
als fünfzig Stundenkilometern in einer Ortschaft
erwischt werde. Ich habe dann nämlich auch
geglaubt, ich führe gar nicht zu schnell, fürchte
aber, auch damit eine Niederlage vor Gericht zu
erleiden.

Vor den Spitzen der Justitia

Zwei Dinge stehen nun für mich als Konsequenz aus diesem juristischen Husarenstück auf dem Programmzettel:
Erstens der Gang zum Bundesverfassungsgericht wegen des Verstoßes gegen den Gleichheitssatz, zweitens die Strafanzeige gegen den Bürgermeister der Stadt Buchholz, der seine Bürger genötigt hat, ihre Häuser einem rechtswidrigen Bebauungsplan anzupassen.
Also steige ich ins Auto und fahre nach Bonn.
Man hat mir geraten, ich möge mich mit der Bonner Kanzlei Redeker, Sellner, Dahs in Verbindung setzen, denn diese Kanzlei zähle zu den Topadressen, wenn es um Verfassungsbeschwerden gehen würde.
Mich empfängt ein junger freundlicher Rechtsanwalt, dessen Biographie mir sofort das nötige Vertrauen einflößt, denn bis nicht vor langer Zeit arbeitete er als wissenschaftlicher Mitarbeiter beim Bundesverfassungsgericht.
Der dürfte also alles für einen juristischen Sieg notwendige kennen, nicht nur die rechtlichen Gegebenheiten, sondern auch die internen

Funktionsweisen des Verfassungsgerichtes und
seiner Richter.
Etwas umständlich erklärt er mir, was ich schon
weiß, dass nämlich das Bundesverfassungsgericht
für Verfassungsbeschwerden zuständig ist und
dass das Oberverwaltungsgericht Lüneburg mit
seiner Zurückweisung meiner Beschwerde gegen
die Verfassung, besonders gegen den
Gleichheitssatz verstoßen habe. Auch dass Stadt
Buchholz und Oberverwaltungsgericht einen
rechtswidrigen Bebauungsplan zur Grundlage
ihrer Entscheidungen heranziehen, scheint ihm
nicht verfassungsgemäß zu sein.
Dann aber kommt für ihn das Wichtigste:
Der Abschluß einer Honorarvereinbarung. Wegen
der guten Erfolgsaussichten unterschreibe ich
einen Stundensatz in Höhe von 280 Euro plus
Mehrwertsteuer, übergebe ihm umfangreiches
Aktenmaterial und fahre in dem Bewußtsein nach
Hause, mich sehr nahe an einem spektakulären
juristischen Triumpf zu befinden.
Einige Wochen später erleidet mein Glücksgefühl
einen kleinen Dämpfer, als nämlich der Postbote
ein Päckchen aus Bonn bringt. Es enthält zwar die
einhundertundsechszehn Seiten starke

Beschwerdeschrift an das
Bundesverfassungsgericht und ca. zweihundert
Seiten Kopien der Prozessakten, aber leider auch
die Rechnung.
28.988,40 Euro möge ich doch bitte demnächst
überweisen.
Ich besitze eine umfangreiche Bibliothek, darin
enthalten auch einige sehr wertvolle alte Bücher
aus dem 17. und 18. Jahrhundert, aber keines
davon kommt auch nur annähernd an den Wert
dieser im Jahr 2012 in Bonn verfaßten 116 Seiten
heran.

Der Staat als Hüter der Gesetze

Was muss eine Behörde tun, wenn sie den Bürger zwingen will, etwas Bestimmtes zu tun, z.B. wegen eines Vergehens im Straßenverkehr ein Bußgeld zu bezahlen?
Sie muss einen sogenannten „rechtsbehelfsfähigen Bescheid" erlassen, was nichts anderes bedeutet, als dass sie den Bürger zwar auffordert, etwas Bestimmtes zu tun, aber ihn auch gleichzeitig darauf hinweist, wie und auf welchem Rechtsweg er sich gegen diese behördliche Anordnung zur Wehr setzen kann.
Der Bürger kann dann entscheiden, ob er die Hilfe eines Gerichtes in Anspruch nehmen will oder nicht. Bis zur endgültigen Gerichtsentscheidung darf dann zunächst einmal nichts geschehen.
Dieses gesetzlich vorgeschriebene Verfahren kennt und kannte man natürlich auch im Rathaus der Stadt Buchholz in der Nordheide.
Etwas anderes weiß man dort aber auch: Wenn man 148 Hausbesitzer mit einem rechtsbehelfsfähigen Bescheid auffordert, ihre Häuser zu verkleinern, wird man wenige Tage später 148 Klagen dagegen auf dem Schreibtisch haben.

Allein die Vorstellung, in einem solchen Ausmaß arbeiten zu müssen, hat wahrscheinlich schon auf den Beamtensesseln im Rathaus die schiere Panik hervorgerufen.

Außerdem wird es bis zum Ende der Gerichtsverfahren dauern, bis der erste Hausbesitzer sein Haus wirklich verkleinert haben wird und das auch nur, falls die Stadt Buchholz die gerichtliche Auseinandersetzung gewinnt.

Falls sie jedoch unterliegt, müsste sie auch noch die Kosten für 148 Gerichtsverfahren tragen.

Alles in allem sind das aus der Sicht eines Buchholzer Bürgermeisters wenig ersprießliche Aussichten.

Also wendet man erneut die bereits früher im Kapitel „Aufruhr" geschilderte Methode an: Man erläßt keine rechtbehelfsfähigen Bescheide, die dem Bürger den Rechtsweg eröffnen würden, sondern droht einfach mit dem Totalabriß des Gebäudes, falls es nicht verkleinert, also dem Bebauungsplan angepaßt wird. In mindestens 89 Fällen geht man auf diese Weise vor. Diese Vorgehensweise stellt für sich genommen schon eine äußerst niederträchtige und verwerfliche Handlungsweise dar, vollends strafrechtlich relevant wird sie aber, wenn der Bürger dabei

auch noch genötigt wird, sich einem vom
Bundesverwaltungsgericht für rechtswidrig
erklärten Bebauungsplan zu unterwerfen.
Also erstatte ich eine Strafanzeige gegen den
Bürgermeister der Stadt Buchholz in der
Nordheide bei der zuständigen
Staatsanwaltschaft Stade.
Das Ergebnis ist für den deutschen sogenannten
Rechtsstaat niederschmetternd.
Ein Staatsanwalt Dr. Lahmann lehnt die Aufnahme
von Ermittlungen nur neun Tage nach meiner
Anzeige ab mit der Begründung, daß eine
Nötigung ein Unrechtsbewußtsein des Täters
voraussetzt, dieses Unrechtsbewußtsein hier aber
nicht vorliegen würde. Auf welch geheimem
Wege er zu dieser Erkenntnis über das
Bewußtsein des Buchholzer Bürgermeisters
gelangt ist, teilt er nicht mit.
Mit meinem Vorbringen, daß dem Bürger der
Rechtsweg abgeschnitten wurde, da keine
rechtsbehelfsfähigen Bescheide erlassen wurden,
sondern daß statt dessen formlos mit dem
Totalabriß der Wohnhäuser gedroht wurde, setzt
sich der Staatsanwalt mit keinem Wort
auseinander.

Statt dessen räsoniert er ausführlich über den Inhalt des ungültigen Bebauungsplans, der in diesem Zusammenhang völlig ohne Bedeutung ist, denn zur Diskussion steht das Verhalten des Bürgermeisters, nicht der Inhalt des Bebauungsplanes.

Ich komme um eine Erkenntnis nicht herum: Entweder dieser Dr. Lahmann hat meine Anzeige nicht verstanden oder er wollte sie nicht verstehen, vielleicht war er auch ganz einfach nur zu bequem, sich mit einem neuen Fall zu befassen.

Aber auch hier gibt es ja eine übergeordnete Instanz, nämlich die Generalstaatsanwaltschaft im niedersächsischen Celle.

Also verfasse ich eine Beschwerdeschrift, die an Deutlichkeit in Bezug auf das, was ich meine, nichts zu wünschen übrig läßt, und schicke sie an die Generalstaatsanwaltschaft.

Nach einem Monat erhalte ich von einer Oberstaatsanwältin Bertrang die mich nicht mehr überraschende Zurückweisung der Beschwerde mit einem wahrhaft durchschlagenden Argument: Erpressung scheidet aus, weil keine Absicht zur persönlichen Bereicherung vorliegt, Nötigung

scheidet aus, weil das Verhalten des Buchholzer
Bürgermeisters nicht als verwerflich anzusehen
ist.

Ein Bürgermeister darf also ganz offensichtlich
statt die gesetzlich vorgeschriebenen
Verwaltungsvorschriften einzuhalten, einfach
nach der Devise vorgehen " Wenn Du, lieber
Bürger, mir nicht gehorchst, reiße ich Dir das Haus
ab."

Verwerflich ist dieses Vorgehen nach Meinung
der Generalstaatsanwaltschaft Celle nicht. Mir
wird jetzt schlagartig klar, dass die zur Zeit der
braunen Diktatur in Deutschland entwickelten
gedanklichen Strukturen, „Gewalt und Drohung
an Stelle von Recht und Gesetz" in einigen
Kreisen der Justiz noch immer nicht generell auf
Ablehnung stoßen.

Langsam frage ich mich, in welcher Art von
Bananenrepublik ich lebe und für welche Art von
Juristen meine Steuergelder verschwendet
werden.

Es wird gefährlich (?)

Im Grundbuch stehen als Eigentümer unseres Grundstücks gemeinsam die Eheleute Christiane und Prosper Christian Otto, weswegen sowohl meine Frau als auch ich selbst seinerzeit wie im Kapitel „Ein Bürger muckt auf" beschrieben, je eine bis auf den unterschiedlichen Namen gleichlautende Beseitigungsverfügung von der Stadt Buchholz erhalten haben.
Am 27. März 2012 erläßt die Stadt Buchholz durch ihren Mitarbeiter Voigt ausschließlich gegen meine Frau Christiane Otto eine Verfügung, in der sie die inzwischen wegen der langen Verfahrensdauer abgelaufenen Fristen neu festsetzt:
Die sogenannten Nebenanlagen, nämlich das Schwimmbecken unserer Kinder, ein Holzschuppen, ein kleines Baumhaus der Kinder und die Umzäunung des Grundstücks sollen nunmehr bis zum 31. Juli 2012 beseitigt sein, das Wohnhaus bis zum 31. März 2013. Für den Fall des „Nicht-Gehorchens" wird zunächst ein Zwangsgeld angedroht, und, falls das noch immer nicht wirkt, der anschließende Abriß durch die Stadt Buchholz.

Diese Verfügung gegen meine Frau wird in zweifacher Ausfertigung unserem Rechtsanwalt zugestellt.

Gegen mich selber wird jedoch, warum auch immer, keine Verfügung erlassen.

Der Rechtsanwalt beruhigt uns daraufhin, wie wir einsehen, wohl zu Recht, denn einer der beiden gleichberechtigten Grundstückseigentümer, in diesem Fall hier meine Frau, ist alleine ja nicht handlungsfähig, wenn es um unser gemeinsames Grundstück geht.

Es ist ihr also unmöglich, ohne meine Zustimmung der Verfügung der Stadt Buchholz zum Abriß unseres Hauses Folge zu leisten.

Da mir gegenüber aber nach Ablauf der ursprünglich gesetzten Frist keine neue Frist gesetzt wurde, denn ich hatte ja keine Verfügung erhalten, bin ich durch nichts verpflichtet, dem Abriß meines Hauses zuzustimmen, geschweige denn, ihn selber vorzunehmen.

Neue Sitten

Umgehend legt unser Rechtsanwalt gegen die an meine Frau gerichtete Verfügung bei der Stadt Buchholz Widerspruch ein, ebenso umgehend wird dieser von dort zurückgewiesen, wiederum umgehend erfolgt daraufhin die Klage beim Verwaltungsgericht Lüneburg.
Aber einen entscheidenden Unterschied zu den bisherigen Verfahren gibt es nun.
Während nämlich bisher Widersprüche und Klagen bewirkten, daß bis zu einer Entscheidung über diese Klagen nichts geschehen durfte, befindet sich meine Frau, - und „nur" um die geht es jetzt ja noch -, im sogenannten Vollstreckungsverfahren, in dem diese Regelung nicht mehr gilt.
So behauptet es zumindest die Stadt Buchholz.
Um so größer ist jedoch unsere Überraschung, als am 25. Juli 2012 der besagte Herr Voigt zusammen mit einem Unbekannten auf unserem Grundstück auftaucht, um festzustellen, ob die bereits geschilderten Nebenanlagen nun inzwischen beseitigt sind oder nicht. und
Er stellt fest, dass noch alles unverändert dasteht verläßt das Grundstück mit der Drohung, die

Folgen würden wir bald zu spüren bekommen.
Und damit zumindest liegt er richtig, denn schon
wenige Tage später erreichen uns zwei Schreiben
der Stadt Buchholz mit Postzustellungsurkunde,
eines an meine Frau, das andere an mich
gerichtet.
Innerhalb von zwei Wochen hat jeder von uns
beiden 2228,05 Euro Zwangsgeld an die
Stadtkasse zu zahlen, andernfalls werden die
Beträge zwangsweise eingetrieben.
Auch gegen diese Verfügungen legt unser
Rechtsanwalt sofort Widerspruch ein, auch gegen
diese Verfügungen wird sofort nachdem die
Widersprüche zurückgewiesen sind, vor dem
Verwaltungsgericht Lüneburg geklagt.
Die Begründungen dieser Klagen sind ebenso
einfach wie für jedermann verständlich:
Ich selbst bin bis zum jetzigen Zeitpunkt gar nicht
zum Abriß der Nebenanlagen bis zu einem
bestimmten Zeitpunkt aufgefordert worden, da
mir gegenüber ja keine neue Fristsetzung
erfolgte, also kann man gegen mich auch kein
Zwangsgeld verhängen, und meine Frau darf
ohne meine Zustimmung die Abrißverfügung
nicht umsetzen, weil uns das Grundstück
gemeinsam gehört.
Aber wer nun glaubt, dass man im Buchholzer

Rathaus diesen simplen Zusammenhang
einsieht,der verkennt die Wirklichkeit.
Die folgende Geschichte zeigt, wie Sankt
Bürokratius mit einer solchen Situation umgeht.
Am 7. August 2012 stehe ich morgens am
Flughafen Hamburg, um den morgendlichen
Lufthansa-Flug nach Mailand zu nehmen.
Dort werde ich in einem Plattenstudio zu
Aufnahmen für eine neue CD erwartet, die noch
vor Weihnachten auf den Markt kommen soll.
Routinemäßig überreiche ich beim Abholen des
bereits vorreservierten Flugtickets der hübschen
Dame am Schalter meine Kreditkarte, um
anschließend fast in Ohnmacht zu fallen. Denn die
Lufthansa-Schönheit teilt mir mit bedauerndem
Augenaufschlag mit, daß diese Kreditkarte
gesperrt sei und fragt, ob ich vielleicht noch eine
andere Kredit- oder EC-Karte besäße.
Aber auch alle anderen Karten erweisen sich als
gesperrt.
Ich schäume vor Wut, kann mir diesen Vorgang
überhaupt nicht erklären und rufe zunächst
einmal in Mailand an, um mitzuteilen, dass ich
unmöglich heute anreisen könne.
Im übrigen könne ich zur Zeit wohl kaum singen,
sondern allenfalls ein Wutgeschrei von mir geben.

Die Studioleute zeigen Verständnis für meine
Lage, weisen aber auch darauf hin, dass die
Studiomiete dennoch bezahlt werden müsse und
die Produktion sich nun insgesamt verteuern
würde.

Noch bevor ich zurück nach Hause fahre, suche
ich die Filiale meiner Bank auf und erfahre dort,
dass die Stadtkasse der Stadt Buchholz in der
Nordheide kurzerhand unsere sämtlichen der
Stadt bekannten Konten durch eine
entsprechende Verfügung gegenüber der Bank
gesperrt hat.

Schlagartig wird mir bewußt, dass es falsch war,
der Stadtkasse seinerzeit eine
Lastschriftermächtigung zum Einzug von
Grundsteuern und Abgaben zu erteilen, denn
dadurch war der Stadtkasse zumindest ein großer
Teil unserer Bankdaten bekannt.

Als ob der Ärger noch nicht ausreichen würde,
finde ich zu Hause in der Post ein Schreiben vom
für unsere Region zuständigen Amtsgericht in
Tostedt vor, dass die Stadt Buchholz zur
Eintreibung von Zahlungsrückständen die
Durchsuchung unserer Wohnung beantragt hat.

Jetzt hilft es nichts – um die Konten möglichst
schnell zunächst wieder frei zu bekommen, hebe
ich von einem anderen, der Stadt

glücklicherweise nicht bekannten und deswegen
auch nicht gesperrten Konto bei einer anderen
Bank die geforderten Summen ab und zahle sie in
bar auf das Konto der Stadtkasse ein.
Das Verwaltungsgericht Lüneburg genießt
offenbar zeitgleich genüßlich die Gerichtsferien,
jedenfalls gibt es bislang auf unsere Klage gegen
die Zwangsgeldfestsetzungen keine Entscheidung.
Aber immerhin – nachdem ich gezahlt habe,
funktionieren eine Woche später meine
Kreditkarten wieder, die Kontosperrungen
wurden aufgehoben.

Lügen

Begründet wurden unsere Klagen gegen die Zwangsgeldfestsetzungen, wie schon geschildert, damit, dass ich nach der durch die gerichtliche Verfahrensdauer bereits abgelaufenen Frist nicht mit einer neuen Fristsetzung zum Abriß von Nebenanlagen und Haus verpflichtet worden war. Diese Begründung unserer Klage erhält natürlich auch der Prozessgegner, also die Stadt Buchholz. Im September 2012 klingelt daraufhin in der Kanzlei unseres Rechtsanwaltes bei seiner Sekretärin das Telefon. Am anderen Ende der Leitung ist Gerhard Lüders, Mitarbeiter im Bauordnungsamt der Stadt Buchholz.
Er habe nur eine kleine Bitte, er bäte um eine Eingangsbestätigung, dass eine Verfügung vom 27. März 2012 mit einer neuen Fristsetzung zum Abriß der Nebenanlagen auf seinem Grundstück gegen Herrn Prosper Christian Otto in der Kanzlei eingegangen sei. Sie möge doch mal schnell ein entsprechendes Fax fertigmachen.
Doch die Dame im Büro ist mißtrauisch und informiert zuerst mal ihren Chef, also unseren Anwalt, über diesen Anruf.

Der ist zu dieser Zeit noch mit anderen Dingen beschäftigt. Bevor er sich aber etwas später mit dem Fall beschäftigen kann, erreicht ihn eine Mail desselben Herrn Lüders mit folgendem Text: „Sie haben eine Verfügung gegen Herrn Prosper Christian Otto erhalten, bitte bestätigen Sie uns den Eingang dieser Verfügung.“ (wortwörtliches Zitat!)

Der Anwalt ist empört über dieses Ansinnen, denn er weiß mit absoluter Sicherheit, dass es sich bei dieser Behauptung des Herrn Lüders um eine freche Lüge handelt, weil er, der Anwalt, eine solche Verfügung gegen Herrn Prosper Christian Otto ja eben gerade nicht erhalten hat. Mit dieser unumstößlichen Tatsache hat er ja die Klagen gegen die Zwangsgeldfestsetzungen begründet, das war sein wichtigstes und ausführlich dargelegtes Argument.

Er weiß genau, dass dieser Herr Lüders in seiner Mail nicht nur dreist gelogen, sondern auch ihn, den Anwalt, mit der Formulierung „...bitte bestätigen Sie uns den Eingang dieser Verfügung“ zur Abgabe einer falschen Aussage in einem Verwaltungsverfahren aufgefordert hat.

Er beantwortet die Mail deshalb nicht, verfaßt

statt dessen eine Eidesstattliche Erklärung, dass
er eine Verfügung gegen mich weder unmittelbar
nach dem 27. März 2012, noch bis zum jetzigen
Tage erhalten habe.

Doch das Verwaltungsgericht Lüneburg in Gestalt
eines Richters Müller ist inzwischen aus seinem
Sommerschlaf erwacht und übermittelt mir ein
Urteil, das wohl in die deutsche
(Un)rechtsgeschichte eingehen wird.

„Die Stadt Buchholz hat gegen beide Eigentümer
eine rechtmäßige Verfügung erlassen" steht dort
zu lesen, „die Klage wird abgewiesen."

So einfach ist das, wenn man unbedingt ein
behördengenehmes Urteil sprechen will, aber
sich als Richter mit dem Problem herumschlagen
muss, dass die Tatsachen einem solchen Urteil im
Wege stehen.

Man übersieht diese Tatsachen dann einfach.
Unser zweifelsfrei durch die Schreiben der Stadt
Buchholz nachgewiesenes und immer wieder vor
Gericht vorgetragenes Hauptargument, dass
nämlich eben nicht **beide** Eigentümer
angeschrieben worden sind, sondern nur einer,
wird nicht etwa widerlegt (das wäre auch
unmöglich), sondern einfach ignoriert.

Mit einer Lüge, die an Unverschämtheit kaum zu
überbieten ist, und wider besseres Wissen
behauptet dieser Richter Müller vom
Verwaltungsgericht Lüneburg das glatte
Gegenteil, nämlich die Stadt Buchholz hätte
gegen beide Eigentümer eine rechtmäßige
Verfügung erlassen.
In meinem Freundeskreis wird darüber spekuliert,
ob dieser Vorsitzende Richter Müller am
Verwaltungsgericht Lüneburg kriminell und
eventuell bestochen worden ist oder was ihn
sonst zu einer so plumpen Lügerei bewogen
haben könnte,
Besonders beeindruckend finde ich, dass die
Gegenseite, also die Stadt Buchholz, zwar wie
oben geschildert, versucht hat, den Anwalt
ebenfalls mit einer Lüge zu einer Falschaussage zu
bewegen, sich aber gehütet hat, selber diese
Falschaussage vor dem Verwaltungsgericht
vorzutragen.
Sonst wäre nämlich möglicherweise ein
Strafverfahren wegen Prozessbetruges fällig
gewesen.
Das Gericht hat in seinem Urteil die " Erkenntnis",
dass beide Eigentümer angeschrieben

worden seien, offenbar einer unbekannten
höheren Eingebung zu verdanken, denn im
Rahmen des Gerichtsverfahrens von den
streitenden Parteien vorgetragen wurde diese
falsche Behauptung nicht.
Später werde ich beobachten können, dass
derselbe Richter Müller vom Verwaltungsgericht
Lüneburg veritable Häuser als „beseitigt"
bezeichnet, obwohl sie noch heute unverändert
an ihrem Orte stehen und dass er seine bei ihm
anhängigen Prozesse zwischen der Stadt Buchholz
und deren Bürgern mit der Rechtsdezernentin der
Stadt Buchholz, Hilke Henningsmeyer, auch
außerhalb der offiziellen Gerichtsverhandlungen
erörtert... Dieser Richter Müller praktiziert die
vom Grundgesetz vorgegebene richterliche
Unabhängigkeit sogar so konsequent, daß er
unabhängig von den Tatsachen urteilt.

Tatsachen schaffen

Umgehend wende ich mich über unseren Anwalt
an die nächste gerichtliche Instanz, das
Oberverwaltungsgericht Lüneburg, aber auch
dort ist der Arbeitsrhythmus, wie ich ja schon
beim zweieinhalbjährigen Verfahren um die
Grundverfügung gegen unser Haus bemerkt
hatte, nicht unbedingt auf Hochgeschwindigkeit
ausgelegt.
Also nähert sich der Morgen des 25. September
2012, ohne dass es irgendeine endgültige
gerichtliche Entscheidung in den mittlerweile
sieben laufenden Gerichtsverfahren gibt.
An diesem besagten Morgen klingelt es gegen
acht Uhr in der Frühe an unserem Tor.
Davor stehen drei Mitarbeiter der Stadt Buchholz,
nämlich die einschlägig bekannten Herren Lüders
und Voigt sowie eine dritte mir unbekannte
Gestalt, zwei weitere unbekannte Personen, die
mir als Mitarbeiter einer Abrißfirma vorgestellt
werden und ein Journalist der örtlichen Zeitung.
Ich werde aufgefordert, das Tor zu öffnen, man
wolle jetzt die Nebenanlagen, d.h. die
Umzäunung des Grundstücks, den Holzschuppen,
das

Baumhaus der Kinder und unser Schwimmbecken
beseitigen, im nächsten Jahr käme dann das
Wohnhaus dran.

Meine Entgegnung, dass ich dieses Vorgehen für
illegal halte und deshalb das Tor nicht öffnen
werde, wird zurückgewiesen, ich rufe daraufhin
über die Notrufnummer 110 die Polizei zu Hilfe.
Nach wenigen Minuten kommt zeitgleich mit dem
Inhaber eines Buchholzer Schlüsseldienstes ein
Polizeiwagen mit zwei sehr jungen freundlichen
Beamten angefahren.

In entwaffnender Offenheit erklären sie mir, dass
sie den Fall nicht kennen, aber wenn die
städtische Baubehörde in dieser Weise vorgehen
würde, hätte die Sache wohl schon ihre
Richtigkeit, sie würden deshalb nicht eingreifen.
Mein Vorbringen, dass sie doch zum Schutz des
Eigentums der Bürger verpflichtet seien, bewirkt
lediglich ein hilfloses Achselzucken.

Unter den Augen der Polizei bohrt sodann der
Mitarbeiter des Schlüsseldienstes das Schloß
unseres Tores auf, und die beiden Mitarbeiter der
Abrißfirma beginnen unverzüglich ihr
zerstörerisches Werk, indem sie den einige Jahre
zuvor noch vom Land Niedersachsen als

Hegemaßnahme finanzierten Wildschutzzaun, der unser Grundstück umgibt, in kleine Stücke zerschneiden.

Sodann entfernt Herr Lüders die Folie, mit der unser Schwimmbecken abgedeckt ist, und stellt mit fachmännischem Blick fest, daß das Becken mit Wasser gefüllt ist.

Vielleicht hatte man erwartet, statt Wasser Wein, Bier, Schnaps oder irgendein anderes alkoholisches Getränk in dem Schwimmbecken als Füllung vorzufinden, denn gegen Mittag erscheint auf meinem Grundstück unter anderem der städtische Mitarbeiter Rolf Peter Kaufhold, den ich zuletzt im Bundesverwaltungsgericht Leipzig auf Seiten der Stadt Buchholz gesehen hatte. Mir wird eröffnet, dass gleich ein großer Tankwagen auf mein Grundstück fahren und das Schwimmbecken lee rpumpen würde.

Ich entgegne, dass gegen meinen Willen allenfalls das Grundstück betreten werden dürfe, aber ganz sicher ein Befahren durch schwere LKW ohne meine Einwilligung nicht erlaubt sei.

Die Antwort ist kurz und knackig: „Halten Sie den Mund, der Einzige, der hier zu bestimmen hat, bin ich."

Der Vorgang erinnert mich daran, was ich einige
Jahre zuvor in der Presse gelesen hatte, daß
nämlich der Großraum Buchholz/Tostedt nicht
nur zu Zeiten der braunen Vergangenheit Sitz
eines NSDAP-Gauleiters war, sondern daß bis in
die Gegenwart hinein faschistische Gesinnungen
in dem Gebiet noch immer weit verbreitet sind.
Aber eine Wirkung hat diese verbale
Auseinandersetzung doch: Der bald darauf
eintreffende große Tankwagen fährt nicht auf
unser Grundstück, sondern legt den Schlauch zum
Leerpumpen des Schwimmbeckens vom
öffentlichen Weg her in das Becken hinein, sodaß
unsere Grünanlagen zunächst erhalten bleiben.
Zwei Tage dauert dieser behördliche Vandalismus,
der Inhalt des Holzschuppens, bestehend aus
Gartengeräten und früheren Spielsachen unserer
Kinder, wird in den Wald geworfen, dort, wo bis
dahin das Schwimmbecken stand, ist jetzt ein
großes Loch im Boden und das Grundstück ist von
allen Seiten her zu betreten, denn der Drahtzaun
ist entfernt und, damit man ihn auch später auf
gar keinen Fall anderweitig noch erneut
verwenden kann, in kurze Stücke geschnitten.

Lediglich die Pfähle des Zaunes läßt man unangetastet stehen, denn man brüstet sich allen Ernstes damit, nur nach rechtsstaatlichen Prinzipien zu handeln und das heißt in diesem Fall: Zäune sind auf Grund eines vom höchsten deutschen Verwaltungsgericht für ungültig erklärten Bebauungsplanes dennoch angeblich verboten und dürfen deswegen gegen den Willen der Eigentümer abgerissen werden, Zaunpfähle jedoch nicht, denn Zaunpfähle sind keine Zäune! Als einzigartiges Denkmal behördlicher Willkür und gnadenlos autoritär praktizierter Idiotie stehen sie noch heute an der Grenze unseres Grundstücks.
Auch Carport und Tor bleiben, abgesehen vom Schloß des Tores, zunächst unversehrt zurück. Mich beeindruckt diese besondere Art von Genauigkeit nicht im geringsten, sondern mit unbändiger Wut muss ich zusammen mit meine Familie, Freunden und Bekannten ansehen, wie unser Eigentum zerstört und nicht nur dieses Eigentum, sondern zugleich auch jedes Recht in unserem Land mit Füßen getreten wird.

Wohin driftet dieser Staat, so fragen sich in diesen Tagen viele, wenn zwar jeder und sei es auch noch so geringe Verkehrsverstoß vom Staat geahndet wird, Behörden im Zusammenwirken mit Gerichten jedoch schwerste Eigentumsdelikte ungestraft begehen dürfen.

Mit geradezu erschütternder Deutlichkeit kündigt sich hier das Auseinanderfallen unserer Gesellschaft in radikale und gewaltbereite Gruppierungen einerseits und ein auf die Verfassung setzendes Bürgertum andererseits an, denn hier wird ausgerechnet von denen, die doch eigentlich durch ein vorbildliches korrektes Verhalten auffallen sollten, nämlich den Gerichten und Behörden, demonstriert, wie Gewalt gegen Sachen ungestraft angewendet wird.

Unsere Verfassung hat das Gewaltmonopol dem Staat zugeordnet, in der Annahme, dass es durch diese Zuordnung vor Mißbrauch geschützt ist. Wer aber schützt sowohl dieses Monopol als auch den Bürger, wenn sich diese Annahme als falsch entpuppt, indem gerade der Staat sein Gewaltmonopol mißbraucht?

Man sollte sich nicht wundern, wenn junge Menschen als Konsequenz aus diesem Mißbrauch

ihrerseits nur die Aufhebung des staatlichen Gewaltmonopols durch Anwendung von Gewalt zur Durchsetzung eigener Interessen sehen.
Die fatale und für das Gemeinwesen katastrophale Wirkung liegt auf der Hand, sie manifestiert sich nicht nur im Anwenden von Gewalt gegen Andersdenkende, sondern ebenso im Zustrom zu radikalen politischen Parteien. Presse und Öffentlichkeit reagieren zwar empört auf die geschilderten Vorgänge, sogar ein Ratsherr äußert sich und fragt nach dem Sinn dieser Aktion und ob sich die Stadt Buchholz mit diesem Vorgehen wohl einen Gefallen getan habe, aber irgendwelche personellen oder sonstigen Konsequenzen hat dieser Vorfall nicht. Im Gegenteil – mit ungebremst zunehmender krimineller Energie werden die Verfahren fortgesetzt.

Richter Claus – das Wesensgleiche Minus und bei der Post geht`s nicht so schnell!

Dieser Kehrreim aus dem Lied der „Christel von der Post" erhält in den Augen der Stadt Buchholz eine eindrucksvolle Bestätigung.
Am 3. Oktober 2012 trifft nämlich endlich bei unserem Rechtsanwalt eine Verfügung der Stadt Buchholz vom 27. März desselben Jahres gegen Herrn Prosper Christian Otto ein, in der auch ich zur Beseitigung meines Wohnhauses sowie der Nebenanlagen aufgefordert werde.
Doch dieser Schachzug nützt der Stadt Buchholz zunächst nichts mehr. Selbst die Richter des Oberverwaltungsgerichtes Lüneburg weigern sich hartnäckig zu glauben, dass ein Brief von Buchholz in der Nordheide aus bis zur Anwaltskanzlei im vierzig Kilometer entfernten Lüneburg länger als sechs Monate unterwegs gewesen sein soll.
Also entscheiden sie, dass die Festsetzung und Eintreibung eines Zwangsgeldes gegen mich rechtswidrig war und heben das gegenteilige Urteil der Vorinstanz auf.

In Bezug auf den vorgenommenen Abriß der
sogenannten Nebenanlagen unseres Hauses
jedoch geben Sie der Stadt Buchholz Recht, denn
– man höre und staune – ich muss nach Meinung
der Richter akzeptieren, dass sich die Behörde
ausschließlich an meine Frau wendet und nicht an
sämtliche Grundstückseigentümer.
 Als „Wesensgleiches Minus", so belehrt mich der
Senat mit seinem Vorsitzenden Richter Claus,
hätte ich zu dulden, dass meine Frau auch ohne
meine Zustimmung unser gemeinsames
Eigentum zerstört und beseitigt.
Ich beschließe in meinem Innern, bei nächster
Gelegenheit für die Gleichberechtigung des
Mannes in unserem Staat zu demonstrieren und
beneide die mir unbekannte Gemahlin des
Richters Claus, sofern eine solche existiert, um
ihre Position zu Hause.
Dass Ehe immer auch etwas mit Duldung und
Erdulden zu tun hat, lehrt uns ja schon Wilhelm
Busch, aber als ein Grundsatz der deutschen
Rechtsprechung war dieser Zusammenhang
bisher weniger bekannt.

Bezahlen – warum denn das?

Diese Frage hat sich offensichtlich der Buchholzer Bürgermeister gestellt, nachdem er meine Aufforderung auf seinem Schreibtisch vorfand, das von mir seinerzeit nur unter Druck gezahlte Zwangsgeld zurückzuzahlen und für den Schaden zu haften, der durch die nunmehr festgestellten rechtswidrigen Kontoschließungen und Sperrungen von Kredit- und EC-Karten entstanden ist.
So landet denn zwar das Zwangsgeld nach einigen Wochen wieder auf meinem Konto, meine Forderung nach Verzinsung und Schadenersatz allerdings wird abgelehnt.
Ich spreche mit der CD-Produktionsfirma und dem Aufnahmestudio in Mailand, um den Schaden möglichst genau angeben zu können.
Da die CD nun nicht mehr vor Weihnachten 2012 veröffentlicht werden kann, sind sowohl der Firma als auch mir erhebliche Einnahmeverluste entstanden, doch es ist naturgemäß schwer zu beweisen, wie viele Menschen sich an meiner Stimme erfreut hätten, diese Freude für mich gewinnbringend weiterverbreitet hätten, was zu

weiterem Umsatz geführt hätte, wie viele Sender
die Aufnahme, ich weiß nicht wie oft. gesendet
hätten...und, und, und..

Hätte, hätte, hätte... die Situation ist kompliziert,
aber endlich komme ich gemeinsam mit den
beteiligten Firmen nicht zuletzt aus Erfahrung mit
vorherigen CD-Produktionen zu dem Ergebnis,
dass der Schaden einschließlich aller Kosten bei
ca. 78000 Euro liegt.

Dies teile ich dem Herrn Bürgermeister mit und
erhalte im Rahmen eines Presseinterviews, das er
der lokalen Presse gewährt, auch eine prompte
Antwort.

Für den von ihr verursachten Schaden wird die
Stadt Buchholz selbstverständlich nicht
aufkommen, und zwar mit der Begründung, es
handele sich bei meiner Forderung lediglich um
das „Werfen einer Nebelkerze".

Es war ja auch naiv von mir zu glauben, dass ein
Bürgermeister oder eine Behörde die
Verantwortung übernehmen würden für die
Folgen ihrer Handlungen, die sie begangen haben.

Ich lerne: Wenn ein Taschendieb eine andere
Person um 50 Euro schädigt, ermitteln Polizei und
Staatsanwaltschaft, um den Dieb zur

Verantwortung zu ziehen, wenn die
Stadtverwaltung Buchholz in der Nordheide einen
Bürger rechtswidrig um mehrere tausend Euro
schädigt, passiert – nichts!

Neue Zeiten

„Bis zum 31. März 2013 ist das Wohnhaus zu beseitigen!" - Ein Schreiben dieses Inhalts schickt der Bürgermeister der Stadt Buchholz am 25. Juli 2012 nunmehr getrennt an meine Frau und an mich.
Eine Besonderheit dieses Gebäudes übersieht er anscheinend dabei.
In unserem Haus befindet sich nämlich schon seit 1984, mithin seit 28 Jahren, außer den von meiner Familie genutzten Räumen auch noch das Büro einer städtischen Einrichtung, nämlich der Musikschule für die Stadt Buchholz in der Nordheide.
Schon seit vielen Jahren erhält die Musikschule auf Grund eines Ratsbeschlusses aus dem städtischen Haushalt jeden Monat 6340 Euro an die Adresse in meinem Haus als Zuschuß überwiesen.
Ich mache im Rahmen eines Widerspruchs darauf aufmerksam, dass diese jährlich von ca. 800 Schülern besuchte Einrichtung in Bezug auf ihr Büro nun heimatlos werden würde, obwohl die Schüler, Lehrer und Büromitarbeiter der

Musikschule ganz sicher nicht für die derzeitige
Situation verantwortlich gemacht werden
können.
Die Antwort des Bürgermeisters lässt nicht lange
auf sich warten.
Er weist meinen Widerspruch zurück, denn, so
lässt er über die Presse verlauten, er habe von
der Existenz des Schulbüros in meinem Hause gar
nichts gewußt.
Das erinnert an die von Berthold Brecht verfaßte
Ballade von Mackie Messer: „....doch am Kai geht
Mackie Messer, der von allem nichts gewußt!“
Hier führt das nunmehr erfolgte Auffüllen einer
angeblichen Wissenslücke des Buchholzer
Bürgermeisters dazu, dass er eine weitere
Verfügung erlässt, diesmal ausnahmsweise nicht
gegen meine Frau, gegen mich oder gegen beide
zusammen, sondern gegen die eigene
Musikschule für die Stadt Buchholz.
Wieder geht es – wie schon zuvor bei der Ehe -
um das Dulden. So habe die Musikschule zu
erdulden, dass ihr die Büroräume abgerissen
werden!
Der Vorstand der Musikschule, dem ich als
Vorsitzender angehöre, beschließt auf seiner

nächsten Sitzung daraufhin einstimmig, sich gegen diese Anordnung des Buchholzer Bürgermeisters mit allen rechtlichen Mitteln, mit Widerspruch und Klagen, zur Wehr zu setzen obwohl ich zunächst schwere Bedenken dagegen äußere.

Zwar ist die Rechtslage eindeutig, denn jeder Laie wird einsehen, dass die öffentliche Musikschule nicht für die Auseinandersetzungen zwischen dem Eigentümer der von ihr genutzten Büroräume und den Behörden verantwortlich gemacht werden kann, aber mittlerweile bin ich zu der Einsicht gelangt, dass die für den Konflikt zuständigen Lüneburger Verwaltungsrichter ihre richterliche Unabhängigkeit dahingehend auslegen, dass sie auch unabhängig von Recht und Gesetz urteilen dürfen.

Deshalb bezweifele ich zunächst, ob die Musikschule diese Auseinandersetzung gewinnen würde, lasse mich aber dann durch die Eindeutigkeit der Rechtslage überzeugen und stimme dem Marsch der Musikschule durch die Instanzen von Behörden und Gerichtsbarkeit in Lüneburg zu.

Aus den Medien erfahre ich, dass der zu dieser

Zeit in seinem ganzen Ausmaß bekannt
gewordene wirtschaftliche Niedergang einiger
Südländer innerhalb der Europäischen
Gemeinschaft, vor allem Griechenlands, Italiens
und Spaniens, zum großen Teil auch auf eine
überbordende sinnlose Bürokratie
zurückzuführen sei.
„Wie geradezu unglaublich finanzkräftig und
gesund muss im Vergleich zu diesen genannten
Ländern aber unsere deutsche Volkswirtschaft
sein," so geht es mir durch den Kopf, „wenn sie
sich eine Behördenbürokratie leisten kann, die
zum jetzigen Zeitpunkt nunmehr insgesamt neun
(!) Gerichtsverfahren gleichzeitig, davon eines
sogar gegen die eigene Musikschule , um das
vergleichsweise bedeutungslose kleine
Einfamilienhaus eines Bürgers führt, das seit
mehr als fünfzig
Jahren am selben Platz steht und niemanden
stört oder je gestört hat?"
Oder sollte es sich hier nur um einen Einzelfall,
eine Art Ausrutscher im Alltagsbetrieb von
Behörden und Gerichten handeln?
Zufällig fällt mir zu dieser Zeit das Buch des
früheren Bundesarbeitsministers und Politikers

Norbert Blüm mit dem Titel „Einspruch – Wider die Willkür an deutschen Gerichten" in die Hände, in dem er ganz offen und direkt die „Verlotterung der dritten Gewalt" anprangert und belegt. Die dort geschilderten Fälle zeigen mir, dass meine Familie und ich mitnichten einen Einzelfall darstellen, wenn es darum geht, willkürlich, kriminell und gesetzeswidrig mit dreisten Rechtsbeugungen den Bürger in Deutschland zu schikanieren und einzuschüchtern.

Das Bundesverfassungsgericht – ein Bürgergericht???

Jeder Bürger unseres Staates darf sich an diesen Prachtbau aus Stahl, Glas und Beton in Karlsruhe wenden, wenn er der Meinung ist, dass gegen die Verfassung verstoßen und er in seinen von der Verfassung garantierten Grundrechten verletzt worden ist. Das sagt unsere Verfassung.
Sie sagt aber nicht, was geschieht oder zu geschehen hat, nachdem er sich tatsächlich an diese Adresse gewendet hat.
Ich gebe zu, dass es für viele Zeitgenossen sicherlich verlockend ist, persönlichen Frust, Ärger über einen Nachbarn oder Streit mit der Ehefrau beim Bundesverfassungsgericht abzuladen, wo diese Art von Problemen ganz sicher nichts zu suchen hat, so dass es notwendig ist, hier eine Schranke einzubauen. Womöglich würde das Gericht sonst nicht nur täglich von etlichen Tonnen Papier erdrückt werden, sondern müßte auch über eine solche Anzahl von Mitarbeitern verfügen, dass der gesamte Europäische Arbeitsmarkt vollständig leergefegt wäre.

Also hat man etwas anderes ersonnen: Während
jeder Bürger im Zweifelsfall auch vor Gericht
begründen muss, warum er etwas tut oder läßt,
müssen die Mitarbeiter des
Bundesverfassungsgerichtes für ihre
Entscheidung, ob das Gericht sich mit einem Fall
überhaupt beschäftigen wird oder nicht, keinerlei
Begründung angeben.
Es genügt, dass die Damen und Herren Richter
dort sagen „Wir bearbeiten die Angelegenheit.“
oder „Wir bearbeiten die Angelegenheit nicht.“
Ein Schelm, wer Böses dabei denkt, nämlich dass
mit dieser Regelung zugleich die äußerst elegante
Möglichkeit geschaffen ist, die eigene
Arbeitsbelastung der eigenen Arbeitsbereitschaft
anzupassen.
Ich zumindest erlebe nun folgendes:
Mein Einfamilienhaus ist unmittelbar umgeben
von 147 (einhundertsiebenundvierzig!)
Gebäuden, für die ebenfalls, weil aus alter Zeit
stammend, keine Baugenehmigungen vorgelegt
werden können.
Von diesen einhundertsiebenundvierzig Häusern,
die sich alle ohne Ausnahme in derselben

Rechtsposition befinden, dürfen
einhundertsechsundvierzig stehen bleiben, eines
ist zwischenzeitlich bereits abgerissen worden,
nur meines hingegen soll zum damaligen
Zeitpunkt noch abgerissen werden.
Die übrigen 146 Häuser werden geduldet und
dürfen stehen bleiben, nur mir wird eine Duldung
versagt.
Der Verstoß gegen den Gleichheitsgrundsatz
unserer Verfassung kann krasser und deutlicher
nicht sein.
Doch das Bundesverfassungsgericht lehnt die
Annahme der deswegen eingereichten
Verfassungsbeschwerde ohne Begründung ab.
Um es noch einmal ganz deutlich zu sagen: Das
Bundesverfassungsgericht hat nicht etwa
entschieden, dass kein Verstoß gegen den
Gleichheitssatz des Grundgesetzes, nach dem alle
Bürger vor dem Gesetz gleich behandelt werden
müssen, vorliegt, nein, es hat es noch nicht
einmal für nötig gehalten, den Fall überhaupt zur
Entscheidung anzunehmen.
Bis aufs äußerste frustriert darüber, dass selbst
das oberste deutsche Gericht, das von den
Medien bisher stets mit Ehrfurcht bedacht wurde,

offensichtlich in Bezug auf den Rechtsstaat unter
die Räder gekommen ist, spekuliere ich über
mehrere mögliche Gründe für diese
Entscheidung.
Entweder man hat die von der Bonner
Rechtsanwaltskanzlei Redeker,Sellner,Dahs
verfaßte 116 Seiten umfassende
Verfassungsbeschwerde sowie die beigefügten
Anlagen, insgesamt über 300 DIN-A4-Seiten
Papier, nämlich gar nicht gelesen oder man hat
sie nicht verstanden (was ich für
unwahrscheinlich halte) oder aber man wollte sie
nicht verstehen.
Das sonst folgende Gerichtsverfahren wäre
nämlich nicht nur mit Arbeit, sondern auch noch
für den sehr viel wahrscheinlicheren Fall, daß der
Bürger das Verfahren gewinnt, mit nicht
unerheblichen Kosten für den Fiskus verbunden
gewesen.
Da ist es doch viel bequemer, einfacher und vor
allem auch kostengünstiger zu sagen „Wir
nehmen den Fall nicht zur Entscheidung an."
Sofern unter den Augen der Öffentlichkeit und
der Medien ein Bundesland, eine politische
Partei, ein Interessenverband oder ein großer
Konzern eine Verfassungsbeschwerde einreichen,

kann sich das Gericht eine solche Vorgehensweise
wie in meinem Fall wegen des damit
verbundenen Verlustes an öffentlichem Ansehen
und Reputation nicht leisten.

Bei einem Privatmann, einem einzelnen Bürger
jedoch ist alles möglich – und sei es auch noch so
dumm und verfassungswidrig, denn es besteht
für das Gericht ja keinerlei Zwang, sein Verhalten
zu begründen.

Willkürlich darf man das Recht mit Füßen treten,
man hofft einfach (und in der Regel sehr
erfolgreich), dass der Fall nicht bekannt wird und
die Medien die Ehrfurcht vor den roten Roben der
Verfassungsrichter aufrecht erhalten.

Und viele Medien spielen dieses Spiel nicht nur
allzu bereitwillig mit, viele beteiligen sich auch
sogar an einer verlogenen Doppelzüngigkeit.

In unserem Nachbarland Polen wurde nämlich
zum Beispiel das Verfassungsgericht soeben
durch mehrheitlichen Parlamentsbeschluß
weitestgehend der politischen Kontrolle
unterstellt, die Unabhängigkeit der dritten Gewalt
wurde in großem Stil aufgehoben. Politiker und
Medien hier in Deutschland werden nun nicht
müde, ihrer Entrüstung darüber bei jeder
Gelegenheit Ausdruck zu verleihen.

Was sie nicht sagen – in Deutschland gibt es zwar offiziell eine vergleichbare Einflußnahme der Politik auf das Bundesverfassungsgericht nicht, aber zum einen wird die Auswahl der Verfassungsrichter ganz maßgeblich von politischen Vertretern vorgenommen, zum anderen müssen die Verfassungsrichter ihre Entscheidung, ob sie sich überhaupt mit einem Fall beschäftigen wollen oder nicht, wie schon gesagt, nicht begründen. Somit entziehen sich diese Entscheidungen jeder Kontrolle, der Willkür und der Einflußnahme von außen sind Tür und Tor geöffnet.

Da braucht man kein Pessimist, Misanthrop oder die Menschheit allgemein für schlecht haltender Zeitgenosse zu sein, um davon auszugehen, dass diese angeblich unabhängigen Damen und Herren Richter in Karlsruhe in Wirklichkeit denen zu Diensten sind, die sie in ihre gut bezahlten Ämter gebracht haben oder ganz einfach die eigene Arbeitsbelastung möglichst gering halten wollen.

Ist das ein gravierender Unterschied zu den Verhältnissen in Polen, die in Deutschland so lautstark kritisiert werden?

Der Unterschied besteht allenfalls in der besseren

Tarnung gegenüber der Öffentlichkeit, die ist in
Deutschland ausgefeilter als in einem Land, das
erst wenige Jahrzehnte lang im Rahmen
demokratischer Strukturen auf die Unterstützung
durch die Mehrheit der Bevölkerung und die
Öffentlichkeit angewiesen ist.
Und um diese Mehrheit zu gewinnen oder zu
erhalten, darf der Bevölkerung keinesfalls die
vollständige Wahrheit offen präsentiert werden,
dies gilt in Kreisen aller politischen Parteien als
Binsenweisheit, um eine Wahl zu gewinnen.

„Vorkasse, bitte!"

So denken sich der Buchholzer Bürgermeister und
seine „bürgerfreundlichen" Mitarbeiter das
weitere Vorgehen:
Weil nicht zu erwarten ist, daß ich das Haus von
meiner Familie und mir freiwillig und innerhalb
der gesetzten Frist abreißen werde, plant man im
Buchholzer Rathaus nun den Abriß des Gebäudes.
Aber kein Abrißunternehmen mag diese Arbeiten
vornehmen, ohne dafür entsprechend kräftig
entlohnt zu werden.
Weil die ganze Sache ohnehin kompliziert zu sein
scheint, schickt man mir erst mal wieder eine
Verfügung.
„Zahlen Sie innerhalb von vier Wochen 23300,-
Euro als Vorschuß für die wahrscheinlich
anfallenden Abrißkosten, andernfalls treiben wir
den Betrag ein."
Selbstverständlich lasse ich mir diese behördliche
Unverschämtheit nicht gefallen und beauftrage
umgehend meine Rechtsanwälte, dagegen
vorzugehen.

Das Vollstreckungshindernis

Was ist das, ein „Vollstreckungshindernis", so wird
sich mancher fragen, der diese Zeilen liest.
Auch ich muss mich erst mal von Anwälten
aufklären lassen, um etwas eigentlich ganz
Einfaches und Selbstverständliches zu begreifen.
Wenn mir nämlich ein Hindernis im Weg steht,
muß ich es entweder wegräumen oder umgehen
oder den Versuch weiterzukommen aufgeben.
Während es sich ein Mensch bei seinem
Sonntagsspaziergang aber ohne weitreichende
Folgen leisten kann, auf seinem eingeschlagenen
Weg erst nachdem er bereits einige Minuten
unterwegs ist, festzustellen, daß ihm ein
Hindernis im Wege steht und er deswegen
umkehren muß, sieht die Sache bei der
öffentlichen Verwaltung anders aus.
Eine Verwaltung darf nur dann losmarschieren,
wenn sie sich im voraus versichert hat, daß ihr
keine Hindernisse im Wege stehen.
So hat es jedenfalls seinerzeit der Gesetzgeber in
Deutschland gewollt, um die Möglichkeiten der
Bürokraten, den Bürger mit Gerichtsverfahren

 oder ähnlichen „Freundlichkeiten" zu
überziehen, einzuschränken.
Die entsprechenden Gesetze gelten in ganz
Deutschland, auch in Buchholz in der Nordheide.
Da steht man im Rathaus dieses
„bürgerfreundlichen" Städtchens nun vor einem
Problem, denn das hier ohne Zweifel bestehende
Vollstreckungshindernis trägt den bereits
erwähnten Namen „Musikschule für die Stadt
Buchholz", was man aber angeblich ja nicht
gewußt hat.
Wer weiß denn schon im Rathaus eines kleinen
Städtchens etwas von der Existenz von 800
Schülern, 36 Lehrern und 2 Bürokräften, deren
Unterrichtsalltag sich nachmittags in sämtlichen
stadteigenen öffentlichen Schulgebäuden eben
dieses Städtchens abspielt und die seit über
fünfundzwanzig Jahren jeden Monat einen
Zuschuß aus der Stadtkasse erhalten?
Die lokale Presse berichtet, daß der
Bürgermeister allen Ernstes behauptet habe, er
habe nichts von der Existenz des Musikschulbüros
in unserem Hause gewußt!
Zwischen sechs- und neuntausend Euro soll,
glaubt man zumindest dem Bund der
Steuerzahler,

das Monatsgehalt eines Bürgermeisters in einer deutschen Kleinstadt betragen, ergänzt durch eine üppige Altersversorgung. Bei einem solchen Hungerlohn kann der arme Kerl sich natürlich nicht noch darum kümmern, was in seinem Städtchen so alles wirklich passiert.

Nachdem nun also diese Wissenslücke des Bürgermeisters geschlossen ist, erläßt man eine neue Verfügung gegen meine Frau und mich, mit der die vorangegangenen Verfügungen, nach denen unser Haus bis zum 31. März 2013 beseitigt sein sollte, erst mal wieder aufgehoben werden.

Die Verfahrenskosten, einschließlich der bisher angefallenen Gerichts- und Anwaltskosten, übernimmt die Stadtkasse.

Und die kurz zuvor erlassene unverfrorene Verfügung, nach der ich einen Vorschuß auf die Abrißkosten des Gebäudes in Höhe von 23300 Euro überweisen sollte, nimmt man auch wieder zurück.

Dummerweise mußte ich allerdings ja auch dafür bereits meinen Rechtsanwalt einschalten.

Der darf nun alleine für seine Bearbeitung dieser einen Verfügung wegen des hohen Streitwertes der Stadt Buchholz für diese Mischung aus

Dummheit und Schurkerei über 5000 Euro in
Rechnung stellen.

Buchholz ist schließlich eine zwar kleine, aber ja
ganz offensichtlich außergewöhnlich
wohlhabende Stadt. Nachdem man schon mehr
als hunderttausend Euro entgegen aller
vorherigen Warnungen für das Aufstellen eines
rechtswidrigen ungültigen Bebauungsplans zum
Fenster herausgeworfen hat, kommt es nun auf
einige Zigtausend Steuergelder mehr oder
weniger auch nicht mehr drauf an.

Ich lerne, denn in Abwandlung des Werbeslogans
„Es war schon immer etwas teurer, einen
besonderen Geschmack zu haben" denkt
mancher hier ganz offensichtlich „Es war schon
immer etwas teurer, ein besonderes Vergnügen
zu haben", nämlich das Vergnügen, totalitäres,
autoritäres oder ganz einfach dummes
Gedankengut um jeden Preis und entgegen jeder
Vernunft zu praktizieren und hemmungslos den
eigenen Machtgelüsten zu frönen, koste es, was
es wolle.

Im Herbst des Jahres 2014 sieht sich die Stadt
Buchholz allerdings dann zu einem mich nicht
überraschenden Schritt gezwungen. Sie erhöht

nämlich kräftig die Gewerbesteuern und Grundbesitzabgaben.

Angeblich sei der städtische Haushalt auf andere Weise nicht auszugleichen, denn nach dem Abgang dieses Bürgermeisters offenbart sich im Haushalt dieser doch am eigenen Finanzgebaren gemessenen wohlhabenden Stadt ein Defizit von sage und schreibe dreiundvierzig Millionen Euro. Doch mühelos gelingt es dem Verwaltungsgericht Lüneburg und dem Oberverwaltungsgericht, am Ende dieses Verfahrens um das Vollstreckungshindernis Musikschule, der rechtswidrigen Schurkerei noch eine Spitze aufzusetzen.

Meine Anwälte hatten nämlich mit drei sich jeweils widersprechenden Schreiben, verfaßt von der Stadt Buchholz, unwiderlegbar nachgewiesen, daß die Stadt Buchholz Gebäude in der unmittelbaren Nachbarschaft meines Hauses unbehelligt läßt, obwohl sich diese Gebäude in genau derselben Rechtsposition befinden wie mein Wohnhaus und das darin befindliche Büro der Musikschule. Doch Verwaltungsgericht und Oberverwaltungsgericht Lüneburg behaupten kurz und bündig, daß diese Gebäude „ebenfalls

beseitigt worden sind" (wörtliches Zitat!)

Selten ist es mir bisher weder im privaten, noch im beruflichen Umfeld, passiert, dass mir dermaßen unverfroren ins Gesicht gelogen wurde wie von dem vorsitzenden Richter Müller am Verwaltungsgericht Lüneburg und dem ersten Senat des Oberverwaltungsgerichts Lüneburg.

Über die Auslegung von Gesetzestexten mag man trefflich streiten können, auch über die Rechtmäßigkeit oder Unrechtmäßigkeit der Existenz einer Bebauung, aber die Beantwortung der Frage, ob auf einem Gelände überhaupt Häuser existieren oder nicht, ist ganz sicher keine Frage der Auslegung.

Auch hat die Stadt Buchholz niemals behauptet, diese Gebäude abgerissen oder ihre Beseitigung auch nur verfügt zu haben, sondern die, wie man im Volksmund sagt „Lüneburger Lügenrichter" haben sich diese Behauptung schlicht und einfach ausgedacht und auf diese Weise den Vorwurf eines Verstoßes gegen den Gleichheitsgrundsatz zurückgewiesen.

Spätestens jetzt wird zur Gewißheit, was sich im Verlauf der zurückliegenden Jahre herauskristallisiert hat, nämlich dass es sich bei

einigen Lüneburger Verwaltungsrichtern um eine
Art von Richtern handelt, deren berufliche
Existenz in ihren Positionen in einem geordneten
Rechtsstaat nicht möglich sein dürfte.
Die nachfolgenden Fotos zeigt beispielhaft zwei
Häuser „Am Hohen Stein Nr.12" im Buchholzer
Ortsteil Sprötze in Nachbarschaft meines
früheren Hauses, aufgenommen im Frühjahr
2015, die nach der Urteilsbegründung des
Verwaltungsgerichts Lüneburg, AZ. 2 A 213/13
vom 17. November 2014 durch den Einzelrichter
Müller sowie nach dem vorangegangenen
unanfechtbaren Beschluß des
Oberverwaltungsgerichts Lüneburg, AZ. 1 ME
160/13 vom 13. September 2013 durch den 1.
Senat mit den Richtern Claus, Dr. Tepperwien und
Dr.Lenz jedoch bereits bis zum September 2013
angeblich „ ebenfalls beseitigt worden sind"
(wörtliches Zitat !).

Abb. 2 Am Hohen Stein 12 in Buchholz-Sprötze, zwei der laut Oberverwaltungsgericht Lüneburg angeblich bereits beseitigten Häuser, die in Wirklichkeit auch heute, im Jahr 2016, noch stehen und nach Angaben ihrer Besitzer auch stehen bleiben dürfen.

Auch dieses Häuschen am Schnuckenpfad 1 in Buchholz Sprötze gehört zu denen, die laut Oberverwaltungsgericht Lüneburg angeblich beseitigt worden sind, in Wirklichkeit aber noch stehen.

Nun hat es schon immer in der Vergangenheit

sogenannte „Justizirrtümer" gegeben, die für den oder die Betroffenen mehr oder minder schmerzlich gewesen sind, ohne daß dadurch gleich auf einen

generellen Fehler des Rechtssystems geschlossen werden sollte.

Was in diesem Fall jedoch besonderen Anlaß zur Sorge gibt und den Fall von einem gewöhnlichen Justizirrtum unterscheidet, ist das dahinter stehende Prinzip: Man wollte ganz offensichtlich unbedingt den Abriß meines Hauses, wobei die Ursache für diesen Wunsch bislang im Dunkeln liegt und Gegenstand zukünftiger Untersuchungen und von umfangreichem investigativen Journalismus sein wird. Es wird sich erst noch zeigen müssen, in welchem Maße man Licht in das Dunkel der Lüneburger Verwaltungsgerichtsbarkeit und seiner Richter bringen kann.

Um ein bestimmtes Ziel zu erreichen, wurde nach einer Art und Weise verfahren, die sich in nichts, aber auch gar nichts, von den Methoden eines Volksgerichtshofes unterscheidet. Man erfindet einfach etwas, in diesem Fall die angeblich erfolgte Beseitigung von Häusern, um dadurch das gewünschte Ergebnis zu erzielen und wenn, wie hier geschehen, diese Erfindung durch die

letzte Instanz des Rechtsweges, durch
unanfechtbaren Beschluß erfolgt, so steht der
Bürger vollkommen rechtlos da. Er ist der
absoluten Willkür verbrecherischer Richter hilf-
und schutzlos ausgeliefert.
Anders ausgedrückt: Hier liegt offensichtlich eben
kein Irrtum, kein Versehen oder menschliches
Versagen vor, sondern eine bewußte und
vorsätzlich gezielt begangene Handlung.
Die eigentlich positiv zu sehende Unabhängigkeit
der Justiz wird mißbraucht als Werkzeug zur
Anwendung staatlicher Willkür.

Neues Spiel – Neues Glück

Sollte jemand denken, daß dieser Bürokratieterrorismus nun zu Ende sei, so liegt er gründlich falsch.
Bis zum 31. Juli 2013 soll nunmehr auf Grund einer neuen Verfügung unser Haus abgerissen sein, vier Monate zusätzliche Zeit wird uns spendiert.
Innerhalb dieser Zeitspanne will man das Vollstreckungshindernis Musikschule überwunden haben.
Das gelingt tatsächlich mit Hilfe des Verwaltungsgerichtes und des Oberverwaltungsgerichtes Lüneburg, denn ich habe einen wie es scheint schwerwiegenden Fehler begangen.
Für die Büroräume der Musikschule in meinem Haus habe ich nämlich keine Miete von der Musikschule verlangt, weil meine Frau schließlich als Schulleiterin dieser Musikschule zusammen mit ihrem Stellvertreter und zwei Bürokräften neben der Unterrichtserteilung in den städtischen Schulen auch in diesen Büroräumen arbeitet.
Lediglich in den Neunziger Jahren des letzten

Jahrhunderts hat der Vorstand der Musikschule die Nutzung von Büroräumen in meinem Haus seit 1984 in einer einfachen Nutzungsvereinbarung nachträglich fixiert, jedoch ohne Festlegung einer Miete.

Jetzt belehrt mich das Oberverwaltungsgericht Lüneburg mit dem Satz: „Da kein Mietzins geflossen ist, handelt es sich nicht um ein schützenswertes Rechtsverhältnis."

Die Tragweite dieses Satzes gibt zu denken. Konsequent zu Ende gedacht bedeutet er nichts anderes, als dass von Staat und Grundgesetz jedenfalls im Bereich des Wohnens und von Immobilien nur Geldgeschäfte geschützt werden, andere Vereinbarungen hingegen nicht.

Ein Staatsanwalt hatte mich seinerzeit belehrt, daß es bei der Beurteilung, ob eine Straftat vorliegt oder nicht, auf das Unrechtsbewußtsein des Täters ankommt, ein Gesichtspunkt, der vielleicht bei der Zumessung des Strafmaßes für einen Täter berücksichtigt werden sollte, ganz sicher aber nicht bei der Beurteilung der Frage, ob eine Tat überhaupt strafbar ist oder nicht.

Dieser für jeden Bürger offensichtlichen Rechtsbeugung durch die Generalstaatsanwaltschaft in Celle wird nun eine zweite, nicht minder bedeutende durch den

ersten Senat des Oberverwaltungsgerichts
Lüneburg hinzugefügt: Nur Geldgeschäfte zählen!
Nach einer Veröffentlichung der Organisation
Transparency international stehen auf der Liste
der Länder, in denen die Korruption am
geringsten ausgeprägt ist, die skandinavischen
Länder Dänemark, Schweden und Finnland an der
Spitze, Deutschland nimmt in dieser Liste lediglich
den Platz Nummer zehn ein. Setzt man die
Argumentation des Oberverwaltungsgerichts
Lüneburg in die Tat um, so dürfte Deutschland
bald von Platz Nummer zehn auf schätzungsweise
Platz Nummer zwanzig oder noch weiter nach
unten auf dieser Liste abrutschen. Beim
Durchsehen der Akten zu diesen Vorgängen fällt
mir auf, dass meine Anwälte häufig Paragraphen
aus Gesetzestexten und Entscheidungen anderer
Gerichte zitieren, der erste Senat des
Oberverwaltungsgerichtes Lüneburg zitiert in
seiner Entscheidung, dass die Musikschule den
Verlust ihrer Büroräume zu dulden habe, jedoch
keinen einzigen Gesetzesparagraphen und kein
einziges Urteil eines anderen Gerichtes! Es
scheint bei der Urteilsfindung weder ein Gesetz
noch ein Grundsatzurteil eines anderen Gerichtes
Pate gestanden zu haben, sondern lediglich die
eigene Willkür.

Vielleicht ein Fehler der Behörde?

Um ganz sicher zu gehen, daß nicht noch weitere Vollstreckungshindernisse auftauchen, wird die Behörde jetzt vorsichtig. Sie erläßt am 3. Juli 2013 erneut eine Verfügung, nach der ich das Haus nunmehr bis zum 31. August 2013 abzureißen habe.

Aber damit man zum Verfassen dieser Verfügung nicht einen übermäßigen Arbeitsaufwand betreiben muss (schließlich sind Behördenmitarbeiter grundsätzlich überlastet), macht man es sich einfach.

Statt diese Anordnung nämlich zu begründen, schreibt man kurz und bündig: „Unter zu Grundelegung der Verfügung vom 27. März 2012 ordne ich den Abriß des Gebäudes bis zum 31. August 2013 an."

Umgehend legen meine Anwälte Rechtsmittel gegen diese Verfügung beim Verwaltungsgericht Lüneburg ein.

Ihr Hauptargument, das sie durch mehrere Schreiben der Stadt Buchholz einwandfrei und unwiderlegbar beweisen können, ist, wie schon im Verfahren um das Vollstreckungshinderniß „Musikschule" ,der Verstoß gegen den im Grundgesetz garantierten Gleichheitsgrundsatz.

Am Beispiel von sieben Gebäuden in unserer unmittelbaren Umgebung, die sich in genau derselben Rechtsposition befinden, stellen meine Anwälte diesen groben Rechtsbruch unter Beweis.

Die anderen Gebäude dürfen stehen bleiben, meines hingegen nicht.

Das Verwaltungsgericht Lüneburg sowie das Oberverwaltungsgericht Lüneburg weisen meinen Eilantrag auf vorläufigen Rechtsschutz dennoch mit demselben Lügenargument zurück, das ich bereits im Kapitel „Das Vollstreckungshindernis" geschildert habe und das der Leser wahrscheinlich nicht für möglich hält.

„Ein Verstoß gegen den Gleichheitsgrundsatz liegt nicht vor, da die übrigen Gebäude ebenfalls beseitigt sind."

Außerdem handele es sich in diesen Fällen überwiegend nur um Nebenanlagen und die Gebäude seien ja viel kleiner als mein Wohnhaus.

Mir verschlägt es die Sprache, denn die Gebäude stehen in Wirklichkeit ja noch heute (Frühjahr 2016) unverändert an ihrem Platz und ihre unterschiedliche Größe dürfte uninteressant sein und gar keine Rolle spielen, vor allem, wenn sie angeblich bereits beseitigt sind.

Wie bereits geschildert, kann man über die

Auslegung von Gesetzen unterschiedlicher Meinung sein, ob aber Häuser an ihrem Platz stehen oder nicht – das ist keine Frage von Interpretationen.

Begründet mit dieser ebenso frechen wie dreisten Lüge verweigert der erste Senat des Oberverwaltungsgerichts Lüneburg unter seinem Vorsitzenden Richter Claus und mit den Beisitzern Dr. Tepperwien und Dr. Lenz mir nun den vorläufigen Rechtsschutz. (Niedersächsisches Oberverwaltungsgericht AZ.1 ME 160/13 vom 13. September 2013))

Besondere Bedeutung erhält dieser Vorgang noch dadurch, dass auch hier das Gericht nicht etwa durch eine falsche Darstellung der Gegenseite, also durch die Stadt Buchholz, zu dieser Begründung veranlaßt wurde, (in diesem Fall hätte man sofort mit einer Anzeige wegen Prozessbetruges geantwortet), sondern der erste Senat des Oberverwaltungsgerichts Lüneburg hat sich diese Begründung in freier Phantasie selbst ausgedacht. Offenbar war von dort der Abriß meines Wohnhauses um jeden Preis gewollt. War es die persönlich motivierte Rache des in seiner Eitelkeit gekränkten Vorsitzenden Richters Claus für seine bundesweit beachtete Niederlage vor dem Bundesverwaltungsgericht Leipzig im

Normenkontrollverfahren über den Bebauungsplan „Sprötze-Lohbergen"?
Oder waren am Ende gar Korruption oder eine mafiose Verstrickung im Spiel?
Oder einfach Dummheit und Gehässigkeit?
Die Hintergründe sind bis heute nicht geklärt, erst Nachforschungen und Ermittlungen in der Zukunft werden vielleicht die Ursachen zu Tage fördern.

Der Abriß

Wohl niemand hat es für möglich gehalten, aber der Bürgermeister der Stadt Buchholz in der Nordheide teilt mir tatsächlich nunmehr umgehend mit, dass am 26. September 2013 morgens um 8 Uhr mit dem Abriß meines Wohnhauses begonnen würde. Das Inventar werde man fachgerecht bei einer Spedition einlagern, wegen des schlechten Gesundheitszustandes meiner Frau (sie leidet seit Jahren an Multipler Sklerose) werde ein Amtsarzt den Abbruch des Hauses begleiten, für meine Familie und mich würde neuer Wohnraum in einem Obdachlosenasyl zur Verfügung gestellt.
Die Erinnerung an vergleichbare Vorgänge im dritten Reich zur Zeit des nationalsozialistischen Terrors wird bei uns wach.
 Auch damals war die Vertreibung von Menschen aus niederen Beweggründen durch Gerichtsurteile legitimiert, allerdings in völlig anderen Größenordnungen. Aber das dahinter stehende Prinzip hat sich nicht geändert.
Heute umgibt uns ein großer Freundeskreis, der nicht nur voller Abscheu und Entsetzen, sondern auch voll Tatkraft uns zur Seite steht.
Fast rund um die Uhr werden meine

umfangreiche Bibliothek sowie die große
Sammlung an Noten und Tonträgern aller Art von
helfenden Händen in Umzugskartons verpackt,
der Flügel wird bei einem befreundeten
Klavierbauer in Hamburg eingelagert, Porzellan
und persönliche Habe werden verpackt und bei
Freunden in der näheren Umgebung
untergestellt.
Zahlreiche weniger notwendige Teile der
Einrichtung aber müssen im Haus verbleiben. Sie
sollen, so die Mitteilung des Bürgermeisters, ja
eingelagert werden.
Glücklicherweise finden wir im benachbarten
Wenzendorf eine zwar viel zu kleine, aber
hübsche Wohnung, die ich sofort miete und mit
den nötigsten Dingen des Alltags bezugsfertig
mache.
Bereits einige Tage vor dem 26. September hat
die Stadt Buchholz die schmale Straße, an der
unser Grundstück liegt, kurzerhand für jeglichen
Verkehr gesperrt, offenbar um zu verhindern, daß
wir unsere Habe vorher vor den behördlichen
Vandalen in Sicherheit bringen, muss diese
Sperrung dann aber auf Grund von Protesten der
übrigen an der Auseinandersetzung völlig
unbeteiligten Anwohner, die ihre Häuser nicht
mehr erreichen können, wieder aufheben.

Die Telekom erscheint schon eine Woche vor dem angekündigten Abrißtermin, um sämtliche Telefon-, Fax- und Internetverbindungen stillzulegen, wird aber zunächst von mir noch einmal verscheucht.
Doch am frühen Morgen des 26. September beginnt dann ein geradezu gespenstisches Szenario.
Obwohl unser Grundstück nach dem erzwungenen Abriß der Umzäunung im Vorjahr nunmehr von allen Seiten zugänglich ist, wird zunächst einer der beiden gemauerten großen Torpfeiler an unserer Grundstückszufahrt abgerissen, Beleuchtung, elektrische Schließ-, Klingel- und Sprechanlage sowie der Briefkasten werden zerstört.
Sodann geht man dem über einhundert Jahre alten geschützten und in einem ausgewiesenen Landschaftsschutzgebiet befindlichen Baumbestand auf unserem Grundstück zu Leibe, indem man mehrere der alten Bäume kurzerhand fällt und eine Schneise zum Haus hin schlägt.
Vorher verfügt, angeordnet oder gerichtlich bestätigt ist keine dieser Maßnahmen, über die notwendigen behördlichen Genehmigungen zum Fällen der alten Bäume verfügt niemand, sondern man läßt der eigenen blinden Zerstörungswut

einfach freien Lauf. Der Mob des Buchholzer Rathauses tobt sich hemmungslos aus.
Der Buchholzer Bürgermeister Wilfried Geiger persönlich setzt dieser Phalanx skrupelloser brutalster Rechtsbrüche schließlich die Krone auf, indem er sich ohne jede Erlaubnis von mir oder meiner Familie mitten auf meinem Grundstück auf die Rasenfläche vor mein Haus stellt, und dort für Fernsehen und Presse Interviews gibt. Die Journalisten hatten sich stets vorher bei mir die Genehmigung zum Betreten meines Grundstücks geholt, der Buchholzer Bürgermeister kennt solche Regeln offenbar nicht oder er glaubt, die Macht zu besitzen, um sich über jede Art von Regeln, Anstand und grundgesetzlich geschützten Eigentumsrechten hinwegsetzen zu können.
Selbst wenn der Abriß des eigentlichen Gebäudes zulässig gewesen wäre – die Benutzung eines fremden Grundstücks für Presseinterviews ohne Erlaubnis des Eigentümers ist in jedem Fall als kriminell einzustufen und für sich genommen schon ein Straftatbestand.
Anschließend beginnt die Schaufel eines großen Baggers ihr zerstörerisches Werk, sie donnert krachend auf das Kinderzimmer unserer Tochter herunter.
Wenige Tage später ist von unserem ehemals

wunderschönen Waldhaus, in dem unsere Kinder geboren und aufgewachsen sind, und dass dreißig Jahre lang der Mittelpunkt unserer Familie war, nichts mehr zu sehen.

Das ehemals mit Sträuchern, Hecken und Rasenflächen angelegte Grundstück ist weitestgehend zerstört und gleicht einer Mondlandschaft, lediglich der Carport steht nun verlassen und nutzlos im Wald herum.

Weil er den Festsetzungen des rechtswidrigen und ungültigen sogenannten Bebauungsplanes entspricht, wird er von den Behördenvandalen verschont,.

In ganz Deutschland berichtet die Presse über diesen Akt unsinniger behördlicher Barberei.

Eine große deutsche Boulevardzeitung berichtet sogar, daß es seit Ende des zweiten Weltkrieges einen vergleichbaren Fall in Deutschland noch nie gegeben habe.

Mich erreicht in den folgenden Wochen eine Unzahl von Zuschriften aus der Bevölkerung, die über dieses Ausmaß von rechtsradikal geprägten Bürokratieterrorismus und, um mit Norbert Blüm zu sprechen, „verlotterter Gerichtsbarkeit" entsetzt sind und einen solchen Vorfall im vermeintlichen Rechtsstaat Bundesrepublik Deutschland bisher für unmöglich gehalten

haben.

Die Erkenntnis, daß es sich bei unserem Land in weit größerem Ausmaß als bisher angenommen, eben nicht mehr so sehr um eine Bundesrepublik, sondern wohl eher um eine Bananenrepublik handelt, setzt sich in zunehmendem Maße durch.

Beim Lesen dieser Zuschriften wird mir klar, daß es sich bei diesem Vorgehen mir gegenüber nicht um eine einmalige Ausnahmeerscheinung, um einen vergleichsweise kleinen Ausrutscher handelt.

Seit nunmehr 13 Jahren kämpft ein Investor mit der Stadt Buchholz, die ihm einen Schaden von fast 6,5 Millionen Euro zugefügt hat.

Zwar hat die Stadt Buchholz die gerichtlichen Auseinandersetzungen, die sich allerdings nicht vor den Verwaltungsgerichten in Lüneburg, sondern vor den Zivilgerichten abgespielt haben, verloren, aber dennoch weigert sich die Kommune, die Verantwortung für ihr Verhalten zu übernehmen und für den Schaden aufzukommen.

Man müsse das Geld des Steuerzahlers sorgfältig bewahren – nach bereits mehr als einer Million Euro verschleuderten Prozesskosten.

Und ein anderer Bauherr schreibt mir, daß er beim Kauf einer Eigentumswohnung den vollen

Kaufpreis der Wohnung an den Bauträger
entrichtet habe, da dieser eine Bestätigung des
Bauamtes vorgelegt habe, nach der die Wohnung
der Planung entsprechend errichtet worden sei.
Später stellte er fest, daß ein Zimmer, ein
Kellerraum sowie ein PKW-Abstellplatz zwar in
der Planung und von der Behörde bestätigt, nicht
aber in Wirklichkeit vorhanden waren.
Hier wird noch viel Aufklärungsarbeit nötig sein.

Es wird noch einmal richtig spannend!

Gerichtsentscheidungen existieren also zunächst nur in Eilverfahren um vorläufigen Rechtsschutz. Anders ausgedrückt - die Behörde hatte ja gesagt, dass sie unabhängig davon, ob ich nun vor Gericht gegen sie klagen würde oder nicht, dennoch sofort erst mal vollendete Tatsachen schaffen und das Haus abreissen dürfe.
Und diese Auffassung der Behörde hat das Gericht bestätigt, die Behörde durfte also sofort tätig werden, sie musste nicht zunächst den Ausgang der eigentlichen Gerichtsverfahren abwarten.
Der Streit ging bisher im wesentlichen um die Frage „sofort Abriß" oder Abriß erst nach endgültiger gerichtlicher Entscheidung.
Über den Ausgang des eigentlichen Gerichtsverfahrens, des sogenannten Hauptsacheverfahrens, ist damit zunächst noch gar nichts gesagt.
Am 23.Mai 2014 stand man sich vor dem Einzelrichter des Verwaltungsgerichtes Lüneburg nunmehr im eigentlichen Hauptsacheverfahren in einem ersten Termin gegenüber und das fast unglaubliche geschah – der Richter machte

nämlich den Vertretern der Stadt Buchholz klar, dass sie wahrscheinlich in den an diesem Tage verhandelten Verfahren unterliegen würden, da ihre bisher verhandelten Verfügungen und Maßnahmen gegen die Gesetze verstießen. Mir stockte der Atem, denn sollte tatsächlich nach der jahrelangen Gemengelage aus rechtswidrig handelnden Behörden und Lügenrichtern jetzt plötzlich doch so etwas wie ein Rechtsstaat das Tageslicht erblicken?

Die Stadt Buchholz nahm völlig überraschenderweise in diesem Gerichtstermin ihre Verfügungen weitestgehend zurück, erklärte sie für erledigt und erklärte sich bereit, die Verfahrenskosten zu übernehmen.

Nur eine einzige Verfügung der Behörde wurde an diesem Tage nicht mehr verhandelt, die Entscheidung über diese Verfügung blieb deswegen offen.

Diese Verfügung besteht im wesentlichen aus dem einzigen Satz „Gleichzeitig wird auf der Grundlage der Verfügung vom 27.3.2012 die Frist für die Beseitigung des Wohnhauses erneut auf den 31.8.2013 festgesetzt."

Nachdem nun diese als Grundlage bezeichnete frühere Verfügung von der Stadt Buchholz jedoch beim Verhandlungstermin zurückgenommen und

damit aufgehoben worden war, empfahl der Richter den Parteien, Gespräche über einen außergerichtlichen Vergleich zu führen, danach wollte man sich falls noch notwendig in einem weiteren Gerichtstermin erneut treffen. Für alle Beteiligten stand fest: Wenn die Grundlage einer Verfügung weggefallen ist, ist auch die Verfügung selbst hinfällig, der Abriß meines Hauses hätte deswegen nicht erfolgen dürfen.

Also fand einige Wochen später im Buchholzer Rathaus ein Gespräch statt, in dem mir kurz und knapp eröffnet wurde, dass die Stadt Buchholz keinem Vergleich zustimmen würde.

Denn ein Vergleich würde die sofortige Zahlung von Schadenersatz beinhalten, die Stadt Buchholz müßte also sofort zahlen.

Wenn man jedoch das endgültige Urteil der Verwaltungsgerichte abwarten würde, müßte im Falle einer endgültigen Niederlage anschließend noch über die Höhe des Schadenersatzes vor Gericht gestritten werden und das könne bei Ausnutzung sämtlicher gerichtlicher Instanzen leicht zehn Jahre oder noch länger dauern.

In diesem Fall müssten die Stadt Buchholz oder die hinter ihr stehende Versicherung, der sogenannte Kommunale Schadensausgleich, erst sehr viel später zahlen.

In Anbetracht meines Alters,- während ich diese
Zeilen niederschreibe, bin ich sechundsechzig
Jahre alt – würde ich das Geld möglicherweise
nicht mehr zu meinen Lebzeiten erhalten, selbst
dann nicht, wenn ich vor Gericht gesiegt hätte.
Selten ist mir in meinem Leben ein solches Maß
an eiskaltem Menschen und Rechtsnormen
verachtenden Zynismus begegnet.
Und eine schon länger gehegte Vermutung wird
für mich nun auch endgültig bestätigt:
Im Bereich dieser Bürokratie herrscht dasselbe
menschenverachtende Gedankengut vor, dass
heute den Boden für die Ausbreitung von Links-
und Rechtsradikalismus in unserem Land bereitet
und 1933 die braune Diktatur erst möglich
gemacht hat.
Das wirklich Schlimme und Erschütternde besteht
für mich darin, dass auf Seiten der städtischen
Vertreter, dem damaligen Bürgermeister Wilfried
Geiger sowie der Rechtsdezernentin Hilke
Henningsmeyer jedes Unrechtsgefühl und jeder
menschliche Anstand offensichtlich fehlen. Wie
eine Zeitung über den ganzen Vorfall und den
Bürgermeister Wilfried Geiger schrieb:
„ menschlich die allerunterste Schublade.“
Man findet es wohl ganz normal und in Ordnung,
es ist nichts weiter, als ein sachlich

routinemäßiger Bürokratie- und Verwaltungsvorgang, einer vierköpfigen Familie das seit fast dreißig Jahren bewohnte Wohnhaus einfach über dem Kopf abzureißen und der Familie dafür das Obdachlosenasyl anzubieten.

Das Ungeheure dieses Vorgangs, nämlich die Entwurzelung einer ganzen Familie, scheint den Verantwortlichen Behörden und Gerichten noch nicht einmal bewußt zu sein.

Besonders schwer wiegt für mich in dem Zusammenhang die totale Sinnlosigkeit dieses Vorganges.

Wenn das Gebäude beispielsweise dem Bau einer Straße, einem öffentlichen Bauprojekt oder auch nur irgendeinem privaten Bürger, etwa einem Nachbarn, im Wege gestanden hätte oder wenn auch nur irgendeine Einrichtung oder ein Bürger vom Abriß des Hauses profitiert hätten, so wäre zwar das Vorgehen der Behörden und Gerichte nicht weniger kriminell gewesen, aber immerhin hätte ja irgendwer wenigstens einen Vorteil davon gehabt.

Doch das alles ist hier wahrscheinlich nicht der Fall.

Sieht man einmal davon ab, dass der behördlich beauftragte Abrißunternehmer einen Auftrag über 25000 Euro an Land gezogen hat, so hat

diese Auseinandersetzung auch rein materiell
gesehen niemandem genützt, sondern allen
Beteiligten nur geschadet. Für den Steuerzahler
dürfte der finanzielle Schaden mit Sicherheit weit
über 100 000 € liegen, für mich im Bereich von
500 000 €.

Und das Ergebnis: Wer heute durch das Gebiet
einen Spaziergang macht, der wundert sich, daß
inmitten von zweihundert bebauten großen
Waldgrundstücken nur ein einziges Grundstück,
nämlich das Gelände von mir und meiner Familie,
ohne ein Wohnhaus daliegt, lediglich mit einem
einsam und verlassen dastehenden Carport
bebaut.

Auch das ist ein einzigartiges Kuriosum, dass
nämlich der Carport deswegen von dem
unsinnigen Behördenvandalismus verschont
wurde, weil er einem gesetzeswidrigen und
ungültigen Bebauungsplan entspricht.

Ein merkwürdiger „Zufall"

Ich teile dem Gericht das Scheitern der
Vergleichsverhandlungen mit.
Einige Wochen später erhalte ich die Nachricht,
dass die am 23. Mai 2014 unterbrochene
Hauptverhandlung am 29. September desselben
Jahres fortgesetzt werden soll.
 Allerdings wundere ich mich.
Der Einzelrichter, der bisher die Verhandlung
geführt hatte, ist nämlich auf geheimnisvolle
Weise plötzlich ausgewechselt. Nicht mehr der
Richter, der seinerzeit beim Verhandlungstermin
durchblicken ließ, dass die Stadt Buchholz
unterliegen und ich im Prozeß obsiegen würde
und der deswegen Vergleichsverhandlungen
angeregt hatte, führt weiterhin das Verfahren,
sondern der Prozeß wird nunmehr von diesem
gewissen Herrn Müller alleine als Einzelrichter
geleitet.
Bei diesem Herrn Müller handelt es sich
allerdings um denselben Herrn Müller, der schon
früher den wichtigen Tatbestand „übersehen"
hatte, daß eine bedeutsame Verfügung nicht
zusammen gegen meine Frau und mich, sondern
ausschließlich gegen meine Frau erlassen worden
war und für den sogar ausgewachsene Häuser

beseitigt sind, obwohl sie auch heute noch an
ihrem Platz unverändert stehen.
Und, wer hätte das gedacht ? – Dieser selbe Herr
Müller hat nun offenbar eine von seinem
Vorgänger des 23. Mai diametral absolut
entgegengesetzte Rechtsauffassung.
Jedenfalls unterliege ich nach nur kurzer
mündlicher Verhandlung am 29. September 2014
vollständig.
Die Begründung seines Urteils besteht in
wesentlichen Teilen aus dem, was man bereits im
Verfahren um den vorläufigen Rechtsschutz zu
Papier gebracht hatte.
Erneut lese ich zum Beispiel, dass die übrigen
Häuser ja ebenfalls beseitigt seien und dass
deswegen kein Verstoß gegen den Gleichheitssatz
unseres Grundgesetzes vorliegt – obwohl die
Gebäude in Wirklichkeit wie schon mehrfach
gesagt auch heute noch unverändert an ihrem
Orte stehen.
Neu und besonders infam und niederträchtig ist
allerdings ein Zirkelschluß, den ich in seinem
Urteil lese: Eine Ungleichbehandlung liegt
deswegen nämlich nicht vor, weil gegen alle
anderen Hauseigentümer ja keine
Beseitigungsverfügungen für ihre Häuser erlassen
seien, sondern nur gegen mich allein. Also darf

man auch nur mir das Haus abreißen, alle anderen Gebäude dagegen dürfen stehen bleiben, denn gegen diese Häuser wurde ja nicht eingeschritten.

Noch am selben Tage beauftrage ich meine Anwälte, Beschwerde gegen diese üble Rechtsbeugung beim Oberverwaltungsgericht Lüneburg einzulegen, obwohl ich mir bewußt bin, dass der Vorgang erneut auf dem Schreibtisch des Herrn Claus landen wird, dessen „originelle" Rechtsprechung, wenn man denn das, was dieser Mann betreibt, überhaupt dem Begriff Rechtsprechung zuordnen kann, ja sogar schon beim Bundesverwaltungsgericht in Leipzig hinreichend bekannt ist.

Mir ist also klar, dass die Aussichten auf einen Erfolg vor dem 1. Senat des Oberverwaltungsgerichtes Lüneburg auf ein völliges Minimum geschrumpft sind, denn es sind eben dieselben Richter, die seinerzeit auf mein Betreiben hin vom Bundesverwaltungsgericht in Leipzig „abgestraft" wurden, indem das Bundesverwaltungsgericht ihr Urteil über den Bebauungsplan verworfen hat.

Der in seiner Eitelkeit gekränkte und vor Bedeutung strotzende Herr Claus als Vorsitzender Richter dieses Senats wird mir diese Niederlage,

die ich ihm zugefügt habe, niemals verzeihen,
daran gibt es für mich nicht den geringsten
Zweifel.
Dennoch ist mir das Aufdecken dieses offenen
durch Herrn Müller begangenen Rechtsbruchs die
Sache wert.
So legen denn meine Anwälte gegenüber der
Beschwerdeinstanz, dem Oberverwaltungsgericht
Lüneburg, umfassend dar, daß die Beseitigung
lediglich eines Gebäudes von ursprünglich 148
Häusern in derselben rechtlichen
Ausgangsposition einen besonders krassen
Verstoß gegen das grundgesetzlich verankerte
Willkürverbot und den grundgesetzlichen
Gleichheitsgrundsatz darstellt. Sie beweisen auch
zweifelsfrei und ausschließlich mit von der Stadt
Buchholz selber verfaßten Schreiben, daß die
Stadt Buchholz unzutreffende Angaben
gegenüber dem Gericht gemacht hat, um eine
Ungleichbehandlung zu vertuschen und nicht
zuletzt weisen sie dem Verwaltungsgericht
Lüneburg Verfahrensfehler nach, indem nämlich
das Gericht seinen gesetzlichen Verpflichtungen
zur Amtsermittlung nicht nachgekommen ist. Das
Gericht ist z.B. verpflichtet, den Tatbestand
aufzuklären, das bedeutet in diesem Fall
festzustellen, ob Gebäude noch vorhanden sind

oder nicht.
Doch erwartungsgemäß weist der erste Senat des
Oberverwaltungsgerichts Lüneburg mit seinen
Richtern Claus, Dr. Berner-Peschau und Dr.
Tepperwien meine Beschwerde am 18. August
2015 durch wie schon häufig unanfechtbaren
Beschluß zurück.

Was ist Schrott?

„Das Inventar und die Einrichtung meines Hauses werden fachgerecht abtransportiert und eingelagert." - So hatte es die Stadt Buchholz kurz vor dem begonnenen Abriß des Gebäudes mir schriftlich mitgeteilt.
Natürlich habe ich meinen Flügel und unsere weiteren etwas wertvolleren Habseligkeiten nicht dieser „fachgerechten" Behandlung durch Mitarbeiter der Stadt Buchholz ausgesetzt, sondern sie mit Hilfe von Freunden vorher in Sicherheit gebracht.
Aber die weniger bedeutsamen Möbel und Einrichtungsgegenstände haben wir nicht zuletzt wegen der knappen zur Verfügung stehenden Zeit im Gebäude belassen.
Ein Schreibtisch, Kleiderschränke, die Badmöbel sowie etliche Bücherregale und Aktenschränke gehörten zur zweiten Garde unseres Hausstandes und mussten im Gebäude auf die fachgerechte Einlagerung durch die Stadt Buchholz warten, die mir später auch mit über 800 Euro in Rechnung gestellt und von mir bezahlt wurde.
Nun erkundige ich mich bei der Stadt Buchholz nach dem Verbleib dieser Teile unserer Hauseinrichtung und erhalte eine Antwort, die

mich allerdings in Anbetracht des
Vorangegangenen und der bekannten
Denkungsart im Buchholzer Rathaus schon nicht
mehr überrascht.
Es habe sich um Schrott gehandelt, den man
entsorgt habe, teilt mir der Leiter des
Bauordnungsamtes, Gerhard Lüders, nämlich in
dreister Unverfrorenheit mit.
Glücklicherweise verfüge ich über umfangreiches
Fotomaterial, um vor Gericht dokumentieren zu
können, wie die Stadt Buchholz in der Nordheide
die Eigentumsrechte ihrer Bürger achtet.
Noch am selben Tage beauftrage ich deshalb
meine Anwälte, die diesbezügliche
Schadenersatzklage gegen die Stadt Buchholz
einzuleiten, das Ergebnis steht noch aus.
Nach meinen bisherigen Erfahrungen mit der
Justiz fehlt mir jedoch die nötige Portion
Optimismus, um an einen Erfolg in einem
Gerichtsverfahren gegen eine staatliche Instanz
zu glauben.
Immer wieder wird mir von der fiskalisch
geprägten Rechtsprechung deutscher Gerichte
berichtet, was nicht mehr und nicht weniger
bedeutet, als dass die angeblich unabhängigen
Richter gehalten sind, finanzielle Belastungen der
Staatskasse durch entsprechende Urteile und

Beschlüsse möglichst zu vermeiden.

Immer wieder werde ich deswegen vor gerichtlichen Schritten gegen staatliche Behörden gewarnt, und immer wieder erhalte ich auch noch gänzlich anders geartete Ratschläge. Da wird mir nämlich empfohlen, mich doch einmal mit gewissen Kreisen auf dem Hamburger Kiez oder im Frankfurter Bahnhofsviertel in Verbindung zu setzen, denn dort setze man zur Durchsetzung eigener Ziele weit weniger auf heruntergekommene Gerichte als auf die erfolgreiche Übergabe von Bargeldpäckchen.

Und auch wenig zartfühlende und nicht gerade zurückhaltende mafiose Kreise sollen in solchen Auseinandersetzungen schon sehr erfolgreich mitgewirkt haben.

Doch für mich kommt ein Befolgen solcher Vorschläge nicht in Frage und seien sie auch noch so gut gemeint.

Allerdings zeigt alles in diesem Buch Beschriebene beispielhaft und in erschreckender Deutlichkeit, dass der von Medien, Politik und Öffentlichkeit propagierte Rechtsstaat teilweise eine hohle Fassade darstellt, hinter der in Wirklichkeit nach ganz anderen Regeln gespielt wird.

Die reine autoritäre und über jedem Gesetz

stehende Machtausübung nimmt dabei einen herausragenden Platz ein.

Doch wenn ich den gutgemeinten Ratschlägen folgen und Teile einer kriminellen Szene zur Durchsetzung meiner durchaus rechtskonformen Ziele einsetzen würde, so würde ich genauso handeln, wie ich es gerade Behörden und Gerichten vorwerfe.

Ich hätte jeden Anspruch auf das Äußern von Kritik verspielt, sondern wäre selber Teil des Systems geworden, das ich ablehne und kritisiere.

So werde ich weiterhin ausschließlich auf dem sogenannten Rechtsweg versuchen, meine Rechte durchzusetzen und Schadenersatz zu erhalten für das, was Behörden und Gerichte verursacht haben.

In München regt sich inzwischen auf einer anderen Ebene ebenfalls Widerstand, indem ein „Verein der Justizopfer" gegründet wurde. Ich plane, diesem Verein beizutreten und ihn zu fördern.

Kurios

Im März des Jahres 2015 erhalte ich erneut von der Stadt Buchholz Post.
In dem Wohngebiet, in dem unser Haus lag, existiert kein Abwasserkanal, deswegen befand sich auf unserem Grundstück und nur zu unserem Haus gehörig eine nach neuesten technischen Standard und mit einer eigenen Baugenehmigung der Stadt Buchholz versehene Drei-Kammer-Sickergrube, die im Turnus von zwei Jahren regelmäßig geleert wurde.
Auch diese Grube wurde natürlich im September 2013 zerstört und beseitigt.
Eineinhalb Jahre nach dem erfolgten Abriß unseres Hauses werde ich nunmehr von der Stadt Buchholz aufgefordert, einem im Auftrag der Stadt Buchholz tätigen Abfuhrunternehmen das Betreten meines Grundstücks und den Zugang zur Sickerkuhle zu ermöglichen, damit die gesetzlich verfügte Regelabfuhr durchgeführt werden könne.
Da diese Regelabfuhr jedoch nicht möglich war, muß ich möglicherweise mit einem Bußgeld rechnen...

Nachwort

„Irren ist menschlich“ - dieses Sprichwort gilt auch für jeden Mitarbeiter einer öffentlichen Verwaltung oder eines Gerichtes.
Aber von jedem dieser Mitarbeiter muß die Bereitschaft zur Korrektur einer später als falsch erkannten Entscheidung erwartet werden.
In den hier geschilderten Fällen sind erhebliche Fehler gemacht worden – und zwar von beiden Seiten.
Behörden haben seit Ende des zweiten Weltkrieges über einen Zeitraum von mehr als vierzig Jahren hinweg formal rechtswidrige Zustände in einem großen Waldwohngebiet „übersehen“.
Das war ein schwerwiegender Fehler.
Viele Bewohner haben in demselben Zeitraum sich nicht hinreichend um die formale Legalität ihrer Häuser gekümmert, indem sie Baugenehmigungen für ihre Wohnhäuser beantragt haben – auch das war ein nicht zu unterschätzender Fehler.
Insofern kann keine der beiden Seiten ihre Hände vollständig in Unschuld waschen.
Nicht akzeptabel ist aber hier, wie mit dieser Situation von Seiten staatlicher Behörden und

besonders der Justiz umgegangen wird.

Die Politik hält sich aus allem heraus. „Das ist uns zu heiß, da gehen wir nicht mehr ran", sagte mir ein führender Landespolitiker.

Statt jedoch nach humanitär rechtsstaatlichen Prinzipien die Fehler der Vergangenheit zu korrigieren, handelt die staatliche Bürokratiemaschine nach der Maxime:

Ich, der Staat, bin automatisch im Recht und zwar deswegen, weil ich der Staat bin.

Du, Bürger, zahl deine Steuern und halte im übrigen den Mund, der Einzige, der hier zu bestimmen hat, bin ich, die Exekutive.

Auf Grund der zahlreichen Presseberichterstattungen erhielt ich Zuschriften, Anrufe und Zeichen der Anteilnahme. Am Tor zu unserem Grundstück legten die Menschen am Tag des Hausabrisses Blumen nieder. Aus vielen Zuschriften wurde klar, dass die hier geschilderte Vorgehensweise mir gegenüber beileibe kein bedauerlicher Einzelfall ist. Mir selbst fiel schon auf, dass der besagte Richter Müller vom Verwaltungsgericht Lüneburg nach Abschluß der mündlichen Verhandlung meines Falles noch die Vertreter der Stadt Buchholz im Hinausgehen vertraut freundschaftlich ansprach, indem er fragte: „Was macht denn unser Fußballplatz?"

Gemeint war wohl der Rechtsstreit zwischen Anwohnern eines Schulgeländes und der Stadt Buchholz, der hier weit außerhalb der offiziellen Gerichtsverhandlung und ohne Beteiligung der klagenden Bürger so nebenbei verhandelt wurde. Und genau dasselbe Vorgehen berichtet mir der schon oben zitierte Bürger, der seinem Bauträger den Kaufpreis einer Eigentumswohnung überwiesen hatte, nachdem der Bauträger eine Bescheinigung der Baubehörde vorgelegt hatte, dass die Wohnung entsprechend den Planungsunterlagen erstellt worden sei. Der kleine Fehler bestand dann nur darin, dass ein ganzer Wohnraum, sowie Keller und KFZ-Abstellplatz trotz gegenteiliger Bescheinigung durch die Behörde in Wirklichkeit angeblich gar nicht existierten.

Die eigentliche Verhandlung dieses Falles vor dem Verwaltungsgericht Lüneburg soll nach Angaben des betroffenen Klägers ebenfalls auf dem Flur und ohne Beteiligung des Klägers stattgefunden haben.

Offenbar handelt die Exekutive aber nicht nur in diesem kleinen Städtchen im Norden Deutschlands ungebremst und ohne jede gerichtliche Kontrolle, sondern auch in den übrigen Teilen unseres Landes.

Denn wie sollte man sonst z.B. den Bruch der
Maastrich-Verträge durch die Bundesregierung
erklären oder den Soli in unserer Steuererklärung,
der doch vor 25 Jahren nur zeitlich begrenzt für
den Aufbau Ost eingeführt wurde und dennoch
heute, nachdem der Osten unseres Landes längst
perfekt aufgebaut dasteht, noch immer existiert.
Und darüber, wie die sich zur Zeit in Deutschland
abspielende sogenannte Flüchtlingskrise in
rechtlicher Hinsicht von unserer Staatsgewalt
gehändelt wird, darf man gar nicht nachdenken.
Asylgesetz und Aufenthaltsgesetz werden
vorsätzlich und auf Anordnung der Exekutive
mißachtet und mit Füßen getreten, indem
hunderttausenden von Menschen die illegale
Einreise nach Deutschland aus dem sicheren
Drittstaat Österreich gestattet wird.
Mit einem Rechtsstaat sind solche Zustände
ebenso unvereinbar, wie der Fall eines Gustl
Mollath, den ein deutsches Gericht kurzerhand
über Jahre hinweg zwangsweise in eine
geschlossene Psychiatrie sperrte, weil er
Unbequemes über das Gebaren einer Bank gesagt
hatte.
Fast zeitgleich mit der Veröffentlichung dieses
Buches ist von einem Redakteur der Frankfurter
Allgemeinen Zeitung ein eBook erschienen,

dessen Titel ich ebenso zutreffend hätte
verwenden können: „ Der Rechtsstaat in Gefahr".

Anhang
Dokumente

Auf den nachfolgenden Seiten wird als Faksimile
der Schriftverkehr zwischen dem Verfasser sowie
der Staatsanwaltschaft Stade und der
Generalstaatsanwaltschaft Celle abgedruckt,
dessen Inhalt in diesem Buch dargestellt und
bewertet wird.
Auf Seite 191 dieses Buches ist die Seite des
Beschlusses des Oberverwaltungsgerichtes
Lüneburg abgedruckt, die die unzutreffende
Behauptung enthält, andere Häuser seien
ebenfalls beseitigt und auf die im Buchtext
mehrfach Bezug genommen wird.
Die Angaben des Aktenzeichens am oberen Rand
des Textes sowie die Unterstreichungen stammen
vom Autor.

An die
Staatsanwaltschaft Stade
Archivstr. 7
21682 Stade

Buchholz i.d.N. den 3. April 2012

Sehr geehrte Damen und Herren,
wegen dringenden Tatverdachts der Nötigung und Erpressung in mindestens 89 Fällen erstatte ich hiermit Strafanzeige gegen den Buchholzer Bürgermeister Wilfried Geiger, Rathaus, Rathausplatz 1, 21244 Buchholz.

<u>Begründung:</u>

Im Buchholzer Ortsteil Sprötze befinden sich auf einer Fläche von 115ha 207 Wohn- und Wochenendhäuser. Dabei handelt es sich überwiegend um eine ursprüngliche Wochenendbebauung aus der Zeit vor dem zweiten Weltkrieg, die während des Krieges oder unmittelbar danach von ihren Besitzern als Dauerwohnsitz benutzt und ausgebaut wurde. Die Mehrzahl der heutigen Besitzer ist nicht in der Lage, Baugenehmigungen für diese damals im Umfeld des zweiten Weltkrieges vorgenommenen Ausbauten vorzulegen.
Auf Grund einer Intervention der niedersächsischen Landesregierung und des Landkreises Harburg als Kommunalaufsicht hat der Rat der Stadt Buchholz die Verwaltung beauftragt, für das o.g. Gebiet einen Bebauungsplan aufzustellen mit dem Ziel, dort städtebauliche Ordnung zu schaffen. Die Verwaltung hat daraufhin ein entsprechendes Papier erarbeitet und unter der Bezeichnung „Bebauungsplan Sprötze-Lohbergen" vorgelegt. Dieses Papier sah in 148 Fällen Festsetzungen vor, die nicht mit der bereits vorhandenen Bebauung übereinstimmten, sondern nur eine geringere Bebauung ermöglicht hätten als die bereits dort vorhandene.
Sowohl die damalige Bezirksregierung Lüneburg, als auch der Landkreis Harburg sowie zahlreiche Anwohner, u.a. auch der Unterzeichner dieses Schreibens, haben die Stadt Buchholz schriftlich darauf hingewiesen, daß dieses Papier wegen erheblicher Rechtsmängel keine Gültigkeit als Bebauungsplan besitzt.. Dennoch hat der Rat der Stadt Buchholz dieses Papier unverändert als Satzung beschlossen. Ein daraufhin eingeleitetes Normenkontrollverfahren endete im Oktober 2011 damit, daß das Bundesverwaltungsgericht in Leipzig erwartungsgemäß dieses Papier in letzter Instanz als vollständig unwirksam und ungültig erklärt hat.
In demselben Zeitraum, in dem über den Normenkontrollantrag gerichtlich verhandelt wurde, um die Frage der Gültigkeit dieses vermeintlichen „Bebauungsplanes" zu klären, hat der Buchholzer Bürgermeister Geiger „Tatsachen geschaffen".

- 2 -

182

Er hat jedoch dafür keine dem Verwaltungsverfahrensgesetz entsprechenden rechtsbehelfsfähigen
Bescheide mit der Aufforderung, die Bebauung der Grundstücke den Festsetzungen dieses
angeblichen Bebauungsplanes anzupassen, an die Betroffenen verschickt, auf Grund derer den
Betroffenen der Rechtsweg vor den Verwaltungsgerichten offen gestanden hätte, sondern er hat
statt dessen die Bewohner schriftlich vor die Alternative gestellt, entweder „freiwillig" ihre Häuser
zu verkleinern, oder andernfalls werde er den vollständigen Abriß ihrer Häuser verfügen.
Gleichzeitig wurden öffentlichkeitswirksam an einige wenige, nämlich 8 Hauseigentümer, die sich
dieser Nötigung nicht gebeugt hatten, Abrißverfügungen verschickt.
Eine große Anzahl, mindesten 89 vor allem ältere Anwohner, hat sich jedoch diesem Druck aus
Angst vor den angedrohten Repressalien, nämlich dem Totalverlust ihrer Wohnungen, gebeugt.
Mit dieser Nötigung, erfolgt im vollen Bewußtsein eines laufenden Normenkontrollverfahrens
sowie der vorher bereits o.g. erfolgten Nachricht über die Ungültigkeit der Festsetzungen durch die
übergeordneten Behörden, wurde den Bewohnern nicht nur der Rechtsweg abgeschnitten, sondern
es wurde in zynisch verwerflicher Weise Druck ausgeübt mit dem Ziel, den Verkehrswert der
betroffenen Flächen zu verringern.
Inwieweit hinter diesem Vorgehen etwaige Verflechtungen des Buchholzer Bürgermeisters Geiger
mit der Firma Groth-Bau stehen, müßte im Laufe staatsanwaltlicher Ermittlungen geklärt werden.

Diesen Zeilen ist im Original eine Liste derjenigen Grundstücke beigefügt, deren Bewohner von der
erfolgten Nötigung bzw. Erpressung des Bürgermeisters betroffen sind. Die Bewohner der grün
unterlegten Anschriften haben sich dem Druck des Bürgermeisters gebeugt, die mit roten Punkten
versehenen Grundstücke werden von Personen bewohnt, die sich nicht gebeugt und demzufolge
eine Abrißverfügung erhalten haben. Diese Liste wurde von Bürgermeister Geiger im Verlauf des
Normenkontrollverfahrens vorgelegt und enthält auch Grundstücke anderer nicht betroffener
Gebiete. Relevant sind jedoch ausschließlich die Grundstücke, die mit der Bezeichnung „Sprötze-
Lohbergen" versehen sind.
Der Unterzeichner dieses Schreibens ist nicht nur selbst betroffener, sondern auch Vorsitzender des
Vereins „Interessengemeinschaft Wohngebiet Lohbergen-Höllental e.V.", in dem sich die von den
Repressalien des Buchholzer Bürgermeisters betroffenen Bürger zusammengeschlossen haben.

Mit freundlichen Grüßen

Prof. Prosper C. Otto

Anlage

Staatsanwaltschaft Stade

Staatsanwaltschaft Stade, Postfach 20 22, 21660 Stade

Behindertenparkplätze:
Vor dem Hause

Herrn Professor
Prosper-Christian Otto
Deppendahl 8
21244 Buchholz

Ihr Zeichen	Geschäfts-Nr. (Bitte stets angeben)	☏ Durchwahl	Datum:
	NZS 115 Js 8420/12	04141/107603	12.04.2012

Strafanzeige gegen den Buchholzer Bürgermeister Wilfried Geiger
Tatvorwurf: Nötigung, Erpressung
Tatzeit: 2005 bis 2011
Ihr Strafantrag vom 03.04.2012

Sehr geehrter Herr Professor Otto,

ich bestätige Ihnen den Eingang Ihrer Strafanzeige bei der Staatsanwaltschaft Stade; sie
wird unter dem oben genannten Aktenzeichen bearbeitet.

Sie werfen dem Beschuldigten vor, als Bürgermeister von Buchholz in einem Ortsteil,
Sprötze, die Durchsetzung eines rechtswidrigen Bebauungsplanes betrieben zu haben. Der
Bebauungsplan von Sprötze-Lohbergen sah in seinem § 1 vor, dass als Art der
Bodennutzung "Wald" festgesetzt wird. Laut § 2 des beanstandeten Bebauungsplanes seien
als bauliche Anlagen nur Häuser mit einer bestimmten Grundfläche sowie eines Nebengebäu-
des zulässig. Im Rahmen eines Verwaltungsrechtsstreites war der Bebauungsplan vom Oberverwaltungsgericht in Lüneburg für teilweise rechtmäßig und teilweise rechtswidrig erklärt
worden. Insbesondere die zitierten Vorschriften §§ 1, 2 sind vom OVG als wirksam bestätigt
worden. Die dagegen gerichtete Revision zum Bundesverwaltungsgericht hatte Erfolg gehabt. Das Bundesverwaltungsgericht stellte fest, dass ein derartiger Bebauungsplan nicht
hätte ergehen können, da die Baunutzungsverordnung eine solche Bebauungsgestattung mit
Wohnhäusern mit einer Fläche mit exemplarisch 90 qm² überhaupt nicht in einem Waldge-
biet hätte festgesetzt werden dürfen. Das Gesetz biete dafür keine Rechtsgrundlage. Sie sind

Hausanschrift:
Staatsanwaltschaft Stade
Archivstraße 7
21682 Stade

Sprechzeiten:
09.00-12.00 Uhr
oder nach Vereinbarung

Telefon: (Vermittlung)
04141/1071
Telefax:
04141/107381

Bankverbindung:
Staatsanwaltschaft Stade
Konto-Nr. 106024615
NordLB Hannover
(BLZ 25050000)

2

mich: 8420-12-3974401.sxw

184

nunmehr der Ansicht, während der Zeit der Gültigkeit des Bebauungsplanes sei jede Tätigkeit, die der Beschuldigte im Hinblick auf die Verkleinerung der vorhandenen baulichen Anlagen (auch sog. "Schwarzbauten"), eine Nötigung oder Erpressung gewesen.

Ein Tatverdacht besteht jedoch nicht. Zum einen ist zu beachten, dass das Oberverwaltungsgericht Lüneburg diesen Bereich des Bebauungsplanes für wirksam erklärt hatte und damit nach der Vorstellung des Beschuldigten ein gültiger Bebauungsplan gegeben war. Soweit das Bundesverwaltungsgericht den Bebauungsplan insgesamt aufgehoben hat, hat dies Auswirkungen auf den Nachweis der subjektiven Tatseite. Im Rahmen der Nötigung muss der Beschuldigte davon ausgegangen sein, dass seine Handlung rechtswidrig gewesen ist. Dieser Nachweis wird nicht möglich sein, wenn ein Obergericht wie das Oberverwaltungsgericht Lüneburg eine Entscheidung trifft, die die Rechtsansicht des Beschuldigten bestätigt. Zum anderen ist zu berücksichtigen, dass ohne jeden Bebauungsplan jede Art der Bebauung, soweit sie im Außenbereich nicht ausdrücklich zugelassen ist, materiell baurechtswidrig ist und einem möglichen Beseitigungsgebot seitens der Gemeinde unterliegt. Nach den getroffenen Feststellungen lässt sich eine Straftat durch die Durchsetzung des rechtswidrigen Bebauungsplanes, der im Hinblick auf Legalisierung von Schwarzbauten erlassen wurde, nicht annehmen. Es handelt sich offenbar um eine verwaltungsrechtliche Streitigkeit.

Soweit Sie die Vermutung äußern, dass etwaige Verflechtungen des Beschuldigten mit der Firma Groth-Bau bestehen, handelt es sich lediglich um eine Vermutung, für die konkrete tatsächliche Anhaltspunkte fehlen. Diese sind aber notwendig, um staatsanwaltschaftliche Ermittlungen, wie Sie sie anregen, einzuleiten.

Insgesamt habe ich das Verfahren daher gemäß § 152 Abs. 2, § 170 Abs. 2 Strafprozessordnung ohne die Aufnahme von Ermittlungen eingestellt.

Gegen diesen Bescheid steht Ihnen die Beschwerde an die Generalstaatsanwaltschaft Celle zu. Die Beschwerde ist binnen zwei Wochen nach der Bekanntmachung bei der Generalstaatsanwaltschaft, Celle, Schloßplatz 2, 29221 Celle, einzulegen. Durch den rechtzeitigen Eingang der Beschwerde bei der hiesigen Staatsanwaltschaft wird die Frist gewahrt.

Falls Beschwerde eingelegt wird, bitte ich mitzuteilen, an welchem Tag der Bescheid zugegangen ist.

3

Zur Vermeidung von Fehlleitungen und Rückfragen wird ferner gebeten, in der Beschwerdeschrift auch anzugeben, welche Staatsanwaltschaft unter welchem Aktenzeichen den angefochtenen Bescheid erlassen hat.

Mit freundlichen Grüßen

Dr. Lahmann
Staatsanwalt

Prof. Prosper-Christian Otto

An die
Generalstaatsanwaltschaft Celle
Schloßplatz 2
29221 Celle

Buchholz, den 23.April 2012

Betr.: Gesch.Nr. NZS 115 Js 8420/12 der Staatsanwaltschaft Stade
    Bescheid vom 12.4.2012

Gegen den Bescheid der Staatsanwaltschaft Stade vom 12.4.2012, zugestellt am 16. April 2012 wird hiermit

Beschwerde

eingelegt.

Begründung:

Die Darstellung des Sachverhaltes in dem mit dieser Beschwerde angefochtenen Bescheid ist überwiegend und in entscheidungsrelevanten Punkten nachweislich sachlich falsch.

1. Die Staatsanwaltschaft Stade behauptet: „Sie werfen dem Beschuldigten vor, als Bürgermeister von Buchholz in einem Ortsteil, Sprötze, die Durchsetzung eines rechtswidrigen Bebauungsplanes betrieben zu haben." Diese Angabe ist falsch. Ausweislich meiner Anzeige vom 3.4.2012, Seite 2, oben, werfe ich dem Bürgermeister nicht die Anwendung eines rechtswidrigen B-Planes vor, sondern die Anwendung mit den Mitteln der Nötigung und Erpressung, statt mit den vom Gesetzgeber vorgesehenen Mitteln u.a. der Verwaltungsverfahrensordnung.
2. Die Entscheidung des Oberverwaltungsgerichtes Lüneburg im Rahmen eines Rechtsstreites um die Gültigkeit des Bebauungsplanes hat zu keinem Zeitpunkt Rechtskraft erlangt, weder in Teilen, geschweige denn vollständig. Sie ist für die strafrechtliche Beurteilung des Verhaltens des Beschuldigten auch deshalb ohne Bedeutung, weil dem Beschuldigten die Ungültigkeit des Urteils jederzeit und vollständig bekannt war.
3. Das endgültige Urteil des Bundesverwaltungsgerichtes Leipzig (AZ. BVerwG 4 CN 7.10) stellt die **vollständige** Unwirksamkeit des angewendeten Bebauungsplanes fest. Dennoch schreibt die Staatsanwaltschaft Stade (Seite 2 des Bescheides, oben) fälschlicherweise: ...nunmehr der Ansicht, während der Zeit der Gültigkeit des Bebauungsplanes sei jede Tätigkeit, die der Beschuldigte im Hinblick auf die Verkleinerung der vorhandenen baulichen Anlagen (auch sog. „Schwarzbauten"), eine Nötigung oder Erpressung gewesen".

- 2 -

187

Diese Darstellung ist in mehrfacher Hinsicht sachlich falsch, denn einen Zeitraum der Gültigkeit des Bebauungsplanes hat es ausweislich der o.g. rechtsgültigen Entscheidung des Bundesverwaltungsgerichtes niemals gegeben, und nicht „jede Tätigkeit im Hinblick auf die Verkleinerung der vorhandenen baulichen Anlagen..." des Beschuldigten wird angeprangert, sondern nur die Tätigkeit der Nötigung und Erpressung.

4. Das OVG Lüneburg hat lediglich über die Rechtskraft des Bebauungsplanes eine allerdings niemals rechtskräftige Entscheidung getroffen, **nicht jedoch über die Praktiken des Beschuldigten bei der Anwendung dieses Bebauungsplanes.** Diese Praktiken waren nicht Gegenstand des Rechtsstreites. Die Ausführungen der Staatsanwaltschaft Stade auf Seite 2 ihres Bescheides zum Inhalt des Bebauungsplanes, zu Bebauungsmöglichkeiten im Außenbereich etc. liegen insofern völlig neben der Sache und sind unerheblich.

5. Sofern die Staatsanwaltschaft Stade unterstellt, der Beschuldigte habe auf Grund der Entscheidung des OVGs Lüneburg von der Rechtswidrigkeit seines Handelns nichts gewußt, ist festzustellen, daß der Beschuldigte bereits im Zeitraum lange **vor** der OVG-Entscheidung die Mittel der Nötigung und Erpressung eingesetzt hat, um seine Ziele zu verfolgen, daß, wie schon gesagt, sich kein Gericht bisher zu den Methoden des Beschuldigten zur Durchsetzung seiner Ziele geäußert hat und daß eine etwaige Unkenntnis über die Rechtswidrigkeit eigenen Handelns keinesfalls einen Grund darstellt, von einer Strafverfolgung abzusehen.

Es besteht insofern ein dringender Tatverdacht, weswegen dieser Beschwerde stattzugeben und unverzüglich ein Ermittlungsverfahren einzuleiten ist.

Prof. Prosper C. Otto

Generalstaatsanwaltschaft Celle
Der Generalstaatsanwalt

Generalstaatsanwaltschaft Celle · Postfach 12 67 · 29202 Celle

Herrn Professor
Prosper-Christian Otto
Deppendahl 8
21244 Buchholz

Bearbeitet von OStAin Bertrang

Ihr Zeichen, Ihre Nachricht vom	Mein Zeichen (Bei Antwort angeben)	Durchwahl (05141) 206-	Celle
./.	2 Zs 916/12	366	29.05.2012

Ermittlungsverfahren gegen Wilfried Geiger
Tatvorwurf: Nötigung
- 115 Js 8420/12 StA Stade -

Sehr geehrter Herr Professor Otto,

auf Ihre Beschwerde vom 23.04.2012, die sich gegen den Bescheid der Staatsanwaltschaft vom 12.04.2012 richtet, habe ich den Sachverhalt geprüft, jedoch keinen Grund gefunden, dem Verfahren Fortgang zu geben.

Der angefochtene Bescheid entspricht der Sach- und Rechtslage.

Auch das Vorbringen Ihrer Beschwerde führt zu keiner anderen Beurteilung des Sachverhalts.

Eine Erpressung scheidet vorliegend bereits aus dem Grunde aus, dass es sich dabei um ein sogenanntes Vermögensdelikt handelt, d.h. eine Erpressung kommt nur dann in Betracht, wenn der Beschuldigte gehandelt hat, um sich zu Unrecht zu bereichern. Eine derartige Bereicherungsabsicht liegt ersichtlich nicht vor, so dass bereits aus diesem Grunde eine Erpressung ausscheidet.

Auch eine Nötigung kommt vorliegend nicht in Betracht.

Hausanschrift	Telefon	E-Mail	Bankverbindung
Schloßplatz 2	(05141) 206-0	gstce-poststelle@justiz.niedersachsen.de	Nord/LB (BLZ 250 500 00) Konto 106 024 557
29221 Celle	Telefax	Internet	IBAN: DE07 2505 0000 0106 0245 57
	(05141) 206-540	www.staatsanwaltschaften.niedersachsen.de	SWIFT-BIC: NOLA DE 2H

Voraussetzung für das Vorliegen einer strafrechtlich relevanten Nötigung im Sinne des § 240 StGB wäre u.a. die Feststellung, dass die Androhung des Übels im Sinne dieser Vorschrift zu dem angestrebten Zweck als „verwerflich" anzusehen ist. Darüber hinaus müsste der Beschuldigte in dem Bewusstsein der Verwerflichkeit gehandelt haben. Eine derartige Feststellung wird sich vorliegend jedoch nicht treffen lassen. Es ist davon auszugehen, dass der Beschuldigte davon ausging, zu der von ihm gewählten Verfahrensweise berechtigt zu sein. Anhaltspunkte dafür, dass er in dem Bewusstsein handelte, auf verwerfliche Weise tätig zu werden, liegen nicht vor. Derartige Anhaltspunkte ergeben sich insbesondere auch nicht aus dem Umstand, dass der Bebauungsplan bis zur rechtskräftigen Entscheidung durch das Bundesverwaltungsgericht nicht rechtswirksam geworden ist. Allein der Umstand, dass es zu unterschiedlichen gerichtlichen Entscheidung des Oberverwaltungsgerichts und des Bundesverwaltungsgerichts gekommen ist spricht dafür, dass zumindest aus Sicht des Beschuldigten der Bebauungsplan ordnungsgemäß zustande gekommen war, so dass nichts dafür spricht, dass der Beschuldigte in Kenntnis der Verwerflichkeit seiner Androhungen handelte.

Dem steht auch nicht entgegen, dass die Verwaltungsgerichte, worauf Sie zutreffend hinweisen, sich nicht mit dem im Hinblick auf die Anwendung des Bebauungsplans gewählte Methoden des Beschuldigten auseinandergesetzt haben. Dies war tatsächlich nicht Gegenstand der verwaltungsgerichtlichen Prüfung. Dazu bestand jedoch auch kein Anlass, weil es sich letztlich um eine rein verwaltungsrechtliche Streitigkeit, nicht aber um die Beurteilung eines strafrechtlich relevanten Sachverhalts gehandelt hat, zu dessen Entscheidung die Verwaltungsgerichte auch nicht berufen sind.

Insgesamt bestehen aus den oben genannten Gründe keine zureichenden tatsächlichen Anhaltspunkte für das Vorliegen einer strafrechtlich relevanten Handlung des Beschuldigten.

Ich weise deshalb die Beschwerde als unbegründet zurück.

Sollte die gerichtliche Entscheidung oder Prozesskostenhilfe nach der anliegenden Rechtsmittelbelehrung beantragt werden, bitte ich, zur Fristberechnung den Tag des Eingangs dieses Bescheides bei Ihnen mitzuteilen.

Mit freundlichen Grüßen
Im Auftrag
Bertrang
Oberstaatsanwältin

Beglaubigt

Justizangestellte

Die Duldungsanordnung findet ihre Rechtsgrundlage in § 79 Abs. 1 Satz 1 NBauO
2012. Danach kann die Bauaufsichtsbehörde, wenn bauliche Anlagen dem öffentlichen
Baurecht widersprechen, nach pflichtgemäßem Ermessen die Maßnahmen anordnen,
die zur Herstellung rechtmäßiger Zustände erforderlich sind, namentlich die Beseitigung von Anlagen anordnen. Die Tatbestandsvoraussetzungen dieser Vorschrift liegen
vor. Das Haus wurde im Widerspruch zu öffentlichem Baurecht errichtet. Insoweit
nimmt der Senat Bezug auf seine den Beteiligten bekannten Ausführungen in seinem
Beschluss vom 9. März 2012 - 1 LA 140/09 -, BA S. 11 ff. Diese Entscheidung ist dem
Antragsteller gegenüber zwar nicht bindend, der Senat hat allerdings keinen Anlass,
von seiner damaligen Einschätzung abzurücken.

Der Entschluss der Antragsgegnerin zum Erlass der Duldungsanordnung ist frei von
Ermessensfehlern.

Zu Recht hat sich die Antragsgegnerin hinsichtlich der Frage, ob die Anordnung der
Beseitigung des streitgegenständlichen Hauses vom 13. Dezember 2006 rechtmäßig
war, auf den Beschluss des Senats vom 9. März 2012 (a.a.O. S. 25 ff.) bezogen. Die
Erwägungen dieses Beschlusses sind dem Antragsteller gegenüber zwar auch insoweit nicht verbindlich, haben in der Sache aber weiterhin Gültigkeit. Dem Vorbringen
des Antragstellers, das Vorgehen der Antragsgegnerin verletze jedenfalls inzwischen
den Gleichheitssatz (Art. 3 Abs. 1 GG), da die Antragsgegnerin gegen weitere zu be-
seitigende Gebäude seit dem Beschluss des Senats nicht mit gleicher Intensität vorgegangen sei, wie gegen das von ihm genutzte, vermag der Senat nicht zu folgen. Die
Antragsgegnerin hat schlüssig dargelegt, dass von den Gebäuden, deren Beseitigung
beabsichtigt war, die laufenden Nummern 176-178 sowie 29 auf der Liste Anlage AG 4
inzwischen beseitigt sind, bei den zwei verbleibenden die Beseitigung von den Pflichti-
gen zugesagt ist bzw. von der Antragsgegnerin betrieben wird. Soweit der Antragsteller
geltend macht, gleichheitswidrig sei es, von einer Beseitigung einer Anzahl von Häusern nur deshalb abzusehen, weil für diese eine schriftliche oder auf andere Weise
dokumentierte Duldung vorliegt, ist auf die Ausführungen des Senats in seinem Beschluss vom 9. März 2012 zu verweisen. Dort heißt es:

> „Das [d.h. in seinem Vorgehen sachgerecht differenziert] hat die Beklagte hier in zu-
> lässiger Weise getan. Sie hat zunächst - schon für die später gescheiterte Bauleit-
> planung - eine umfassende Bestandsaufnahme der vorhandenen Baulichkeiten vor-
> genommen und danach in sachgerechter Weise drei Fallgruppen gebildet, nämlich

- 6 -

Der Autor

Prosper Christian Otto wurde im westfälischen Herford geboren und studierte nach dem Abitur am humanistischen Gymnasium zunächst Physik, bevor er sich anschließend zum Konzert- und Opernsänger ausbilden ließ. Neben seiner Sängerkarriere, die ihn als gefeierten Solisten in die großen Musikmetropolen der Welt führte, arbeitete er als TV-Moderator, legte zahlreiche CD-Veröffentlichungen vor, war Gründer eines Diskussionsforums über Zukunftsfragen der modernen Kunst und widmete sich in besonderem Maße der musikalischen Nachwuchsförderung in Deutschland.
Mit dem „Musikfest auf Gut Bötersheim" rief er ein eigenes Musik- und Kunstfestival ins Leben, in

193

dessen Rahmen er erstmalig eine umfassende Retrospektive des umfangreichen malerischen Nachlasses des Sängers Dietrich Fischer-Dieskau einer breiten Öffentlichkeit vorstellte.